人 | 文 | 社 | 科

高校学术研究论著丛刊

跨文化视域下的当代英语教学新探

陈玮 著

中国书籍出版社
China Book Press

图书在版编目(CIP)数据

跨文化视域下的当代英语教学新探 / 陈玮著. —
北京:中国书籍出版社,2019.6
ISBN 978-7-5068-7320-8

Ⅰ.①跨… Ⅱ.①陈… Ⅲ.①英语—教学研究
Ⅳ.①H319.3

中国版本图书馆 CIP 数据核字(2019)第 112669 号

跨文化视域下的当代英语教学新探

陈 玮 著

丛书策划 谭 鹏 武 斌
责任编辑 毕 磊
责任印制 孙马飞 马 芝
封面设计 东方美迪
出版发行 中国书籍出版社
地 址 北京市丰台区三路居路 97 号(邮编:100073)
电 话 (010)52257143(总编室) (010)52257140(发行部)
电子邮箱 chinabp@vip.sina.com
经 销 全国新华书店
印 刷 三河市铭浩彩色印装有限公司
开 本 710 毫米×1000 毫米 1/16
印 张 17
字 数 220 千字
版 次 2020 年 7 月第 1 版 2020 年 7 月第 1 次印刷
书 号 ISBN 978-7-5068-7320-8
定 价 76.00 元

目　录

第一章　当代英语教学研究

我国英语教学经过几十年的发展，取得了令人欣喜的成绩，也为社会输送了一大批高素质英语人才。然而，不可否认，我国当前英语教学中还存在许多问题，这些问题制约着我国英语教学的进一步发展。因此，在新的形势下，如何继续推进英语教学改革，进一步提高英语教学质量是很多教育研究者们关注的问题。只有对英语教学进行系统研究，并对当前英语教学现状有一个清晰的了解，才能有针对性地提出改革措施。本章就对英语教学的理论基础、现状、影响因素等问题进行具体探讨。

第一节　英语教学的理论基础

一、言语行为理论

言语行为的研究源于 20 世纪 30 年代，是语言学家对语言意义的一种研究回应。在这些语言学家看来，只有对语言进行客观的证实和评价，语言才会生成意义。这为言语行为理论的形成和发展奠定了基础。

20 世纪 50 年代，著名学者奥斯汀（Austin）在他的《如何以言行事》（*How to Do Things with Words*，1962）一书中提出了"言语行为理论"，并且对人们如何通过语言保证交际流畅这一问题进行了明确回答。在奥斯汀看来，人们在日常生活中能够运用语言来交际的关键就在于对这些功能行为方法的了解和把握，且人们使用语言的目的主要是为了表达请求、命令、道歉、拒绝等行为，这就是以言行事的理论核心。

之后，学者塞尔（Searle）对奥斯汀的言语行为理论进行了发展和改良，即在奥斯汀理论的基础上批判和改正了一些观点，提出“间接言语行为”理论，这使得奥斯汀的言语行为理论更具有系统性和合理性。

（一）奥斯汀的言语行为理论

奥斯汀的言语行为理论可以从以下三个层面体现出来。

（1）陈述句和施为句。在奥斯汀的言语行为理论中，她首先对陈述句和施为句进行了区分。其中，陈述句是指用来陈述、报道、描写某些客观现象、客观事实的句子，又可以被称为“表述句”。陈述句具有真假性，因此往往需要被验证。

与陈述句相比，施为句指的是运用语言来实施某一行为，即创造出一个可以改变世界状况的新事态。施为句并不具有真假性，因此不需要经过验证。

在对陈述句和施为句进行区分时，一定要注意施为句的两大特性：施为句并不是描写、报道、陈述，因此不具有真假性，即不真不假；人们说话实际就是在实施某种行为，或者是某种行为的一部分。

但是需要提及的是，虽然施为句并不具备真假性，但是它有合适与不合适的区别，对言语行为也存在有效和无效的区别。

（2）言语行为三分说。言语行为三分说指的是言指事行为、以言行事行为、以言成事行为。

以言指事行为，是指通过发音器官的作用，发出有意义的话语的行为，又称为“言之发”。换句话说，就是运用语言来叙述事情的行为。

以言行事行为，是指在特定语境下，发话人表达出有意义话语的一种行为力量，又称为“示言外之力”。但是，以言行事行为必须建立在以言指事行为的基础上，否则很难看出发话人的实际用意。

以言成事行为，是指发话人的行为、思想、态度对听话人产生的影响，又称为“收言后之果”。但是，以言成事行为也是建立在以言指事行为和以言行事行为的基础上。

(3)言语行为的分类。奥斯汀根据以言行事行为，将言语行为分为裁决类、承诺类、行使类、行动类、表述类五种类型。

裁决类言语行为一般传达的是评价或裁决之意，如裁判裁定、法官判决等。一般属于裁决类的动词有：宣告(convict)、判决(judge)、赦免(absolve)、评价(rate)等。

承诺类言语行为一般传达的是宣布意图、承诺之意，如保证、许诺等。一般属于承诺类的动词有：打算(intend)、保证(pledge)、承诺(promise)、宣誓(swear)等。

行使类言语行为一般传达的是权利的实施之意，如公民投票、大会选举等。一般属于行使类的动词有：否决(veto)、驱策(urge)、废除(annul)、任命(nominate)等。

行动类言语行为一般传达的是自己的心情、态度之意，如欢迎、感谢等。一般属于行动类的动词有：责怪(blame)、解释(complain)、保佑(bless)、批评(criticize)等。

表述类言语行为一般传达的是对某些行为的解释、描述、论证之意，如肯定、描述等。一般属于表述类的动词有：争论(argue)、描述(describe)、定义(define)、解释(explain)等。

(二)塞尔的言语行为理论

塞尔对奥斯汀的言语行为理论进行了批判。在塞尔看来，言语行为理论的根本出发点在于言语行为，它不仅对言语实践有决定作用，还可以作为言语交际的一项基本单位。传统的语言学说以符号为单位，但是塞尔将这一言语行为与传统的语言学说进行了区分。同时，塞尔指出语言理论其实就是一种受规则约束的行为理论。他的理论主要体现在“间接言语行为”理论上。

间接言语行为理论是指运用一种行为来间接实施另一种行为，这是塞尔在言语行为研究中的最大贡献。这一理论需要解决的是如何通过发话人的字面意思来理解其隐含意义。当然，这往往会受以下因素的影响：双方要了解交际中如何实施以言行事；交际者要了解语言所产生的字面语言与深层含义；发话人本身的知识范围和听话人所理解的语境信息间的关系；听话人掌握的知识和对语言的理解能力。

塞尔根据这些因素将言语行为分为规约性间接言语行为和非规约性间接言语行为两大类。其中，前者是指通过理解字面含义而得出的间接言语行为，这是对字面意义的一般性理解，而这一理解仅仅关注的是话语的句法形式，因此听话人往往会立即做出反应。后者是指需要在语境的指导下来理解和推断话语含义的间接言语行为，这一行为相较于前者而言是非常复杂的，而且需要听话人必备一定的语境知识。

二、语言功能理论

韩礼德(Halliday)是英国功能主义学派的代表，其主要研究的是语言的社会功能。韩礼德认为，语言在完成功能的过程中往往会发生改变，而语言的社会功能往往会对语言本身的特性产生影响。因此，只有在研究中将语言的运用纳入，才能使得语言的全部功能融合在一起。一般来说，韩礼德的语言功能观主要分为三类，即微观功能、宏观功能及元语言功能。

(一)微观功能

在韩礼德看来，微观功能往往出现于儿童母语学习的初级阶段，其主要涉及以下七大功能。

(1)个人功能，是指儿童运用语言来传达身份、观点、情感、看法的功能。例如：

I think…

I like…

(2)启发功能，是指儿童运用语言来探索和认知世界、学习和发现问题的功能。例如：

Tell me why…

(3)想象功能，是指儿童运用语言创造幻想世界、幻想环境的功能。例如：

Suppose I am the king…

Suppose I am a tree…

(4)控制功能，是指儿童运用语言来控制他人行为的功能。例如：

Finish the task as I have told you.

Come on,I want you…

(5)工具功能，是指儿童运用语言来获取物质的功能。例如：

I want…

I would like…

(6)信息功能，是指儿童运用语言向他人传递信息的功能，一般这样的儿童处于18个月之后，是成长过程中掌握的。

(7)相互关系功能，是指儿童可以通过语言与他人进行交往的功能。例如：

Me and you…

You and I…

需要提及的是，儿童语言中的功能往往是一句话一个功能，而不是一句话多个功能。随着儿童语言逐渐向成人语言靠拢，其功能的范围也会逐渐缩减，因此就会演变成下面的宏观功能。

(二)宏观功能

在语言功能中，宏观功能是比较烦琐和复杂的，这是儿童从原型语言过渡到成人语言的阶段。一般来说，语言的宏观功能包含两类。

(1)理性功能，是由儿童的个人功能、启发功能等转换而来，是儿童将语言是为学习知识、观察事物的方法和途径。

(2)实用功能,是源于儿童的工具功能、控制功能、相互关系功能,是儿童做事的手段和工具。

(三)元语言功能

元语言功能理论又可以称“纯理功能”,涉及语言的概念功能、语篇功能、人际功能三个层面。

(1)概念功能,使得逻辑关系和经验模式得以建立起来。

(2)人际功能,是社会关系的体现。

(3)语篇功能,使语言与语境相关联。

三、二语习得理论

二语习得理论形成于20世纪六七十年代,此后发展为一门独立的学科。其研究范围可以概括为描述二语习得的过程、解释二语习得的本质,也就是对学生如何获得第二语言和为什么能够获得第二语言展开研究。其中,美国著名的语言应用学家、教育家斯蒂芬·克拉申(Stephen Krashen)综合前人的一些教学经验,提出了“语言监控理论”,这一理论是二语习得主要理论,主要解释第二语言是如何习得的。

随着实践和理论的不断发展,克拉申也不断对其语言监控理论做出完善。20世纪80年代初,克拉申先后提出了五个假说,丰富和发展了语言监控理论,下面详细介绍语言监控理论的主要观点。

(一)“习得—学得”区分假说

“习得—学得”区分假说(acquisition and learning hypothesis)是最基本的假说。“习得”是学生下意识地、不自觉地、自然地语言学习过程。通过“习得”,学生能够获得语言知识和语言能力。“学得”是学生有意识地、自觉地、正式地学习语言规则的过程。通过学习,学生只能获得关于语言规则方面的知识。

习得与学得在很多方面都有不同，如表 1-1 所示。

表 1-1　语言习得与学得的不同

	习得	学得
输入	自然输入	刻意地获得语言知识
侧重	语言的流畅	语言的准确
形式	与儿童的第一语言习得类似	重视文法知识的学习
内容	无形的知识	有形的知识
学习环境	正式的教学没有帮助	正式的教学有帮助
学习过程	无意识的	有意识的

（资料来源：何广铿，2011）

（二）输入假说

输入假说是语言监控理论中的核心。克拉申指出学生要获得“可理解性输入”，语言输入既不能太简单，也不能太难。可理解输入信息的公式为 i＋1，i 代表的是学生现有的语言能力，1 表示略高于学生现有水平的信息。只有学生理解了略高于其现有语言水平的语言规则，才能发生第二语言习得。

总结来说，输入假说有以下四点内容。

（1）输入假设与学得无关，与习得有关。

（2）学生理解略高于其现有语言水平的语言规则，才能发生第二语言习得。

（3）当成功交际时，即理解输入时，i＋1 便会自动包括在内。

（4）说话的能力是无意识地、自然地产生的，无法通过教育掌握。

（三）自然顺序假说

自然习得顺序假说（natural acquisition order hypothesis）是指儿童在习得母语规则或其他语言规则时有一个预定的顺序，有些语法结构习得得较早，有些语法结构习得得较晚，这种固定的顺序与语言教学的顺序关系不大。例如，以英语为例，克拉申认为儿童习得英语中的语法词素也会有一个预定的顺序，如图 1-1 所示。

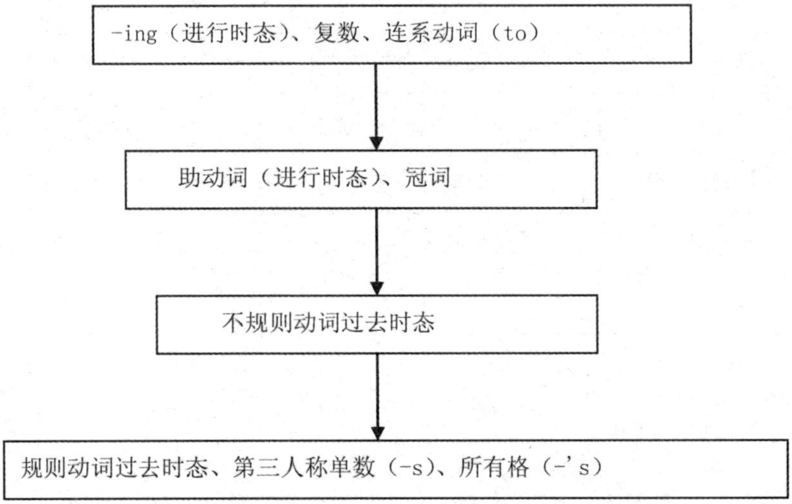

图 1-1　儿童学习英语（第二语言）语法词素的一般顺序图

（资料来源：杨莹子，2009）

（四）监控假说

克拉申的监控假说（monitor hypothesis）区分了习得与学得在二语能力发展中的不同作用，即习得帮助学生进行言语输出，培养语感，从而流利地运用二语进行交际；而学得用来监控（monitor）学生的言语输出过程，用已学的语法规则检验语言的准确性。这种监控作用既可以发生在语言输出之前，又可以发生在语言输出之后。如图 1-2 所示。

同时，克拉申提出学得的监控作用是有限的，其监控作用还需要三个基本的条件。

(1)充足的时间。

(2)注重语言形式，而不是语言意义。

(3)学生要了解语言规则。

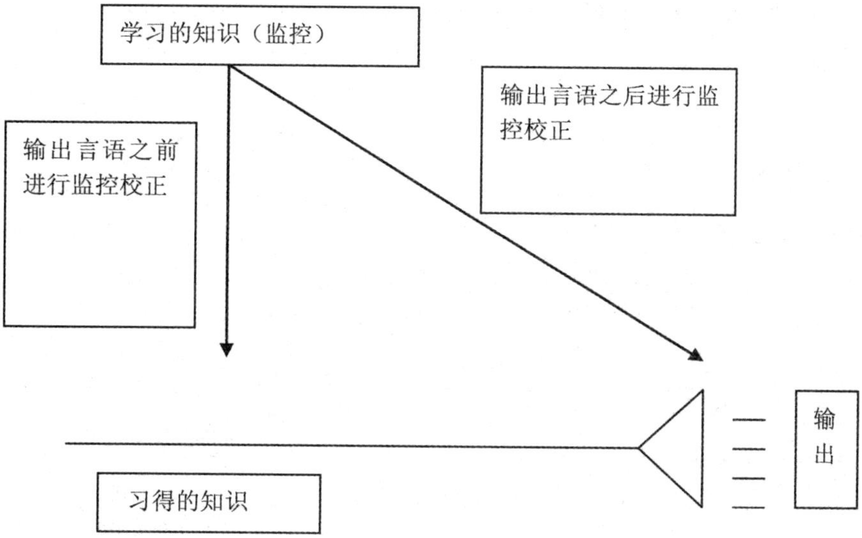

图 1-2　习得与学得在监控系统中的作用

（资料来源：杨莹子，2009）

克拉申还根据监控的力度，将学生分为三类：监察过度者(monitor over-user)、监察欠足者(monitor under-user)和监察合理者(optimal monitor user)。其中，只有监察合理者能够在恰当的时机和场合中运用监控进行校正、编辑，以保证语言输出的质量和数量。

（五）情感过滤假说

情感过滤假说说明了情感因素与第二语言习得的关系。克拉申认为影响二语习得的情感变量有学生的动机、自信心和焦虑感。这些因素是造成学生在二语习得过程中形成差异的主要原因。

图 1-3 说明了语言监控理论的运行过程。

对图 1-3 进行分析可以了解到克拉申语言监控理论为：习得的语言知识和学得的语言知识共同构成了人类大脑中的语言知识系统。其中，学得的语言知识在语言输入前后起到了监控作用。“可理解性语言输入”在经过不同学生的不同的情感因素的过滤之后，呈现出不同的特性。因此，学生习得的语言知识也是不同的。

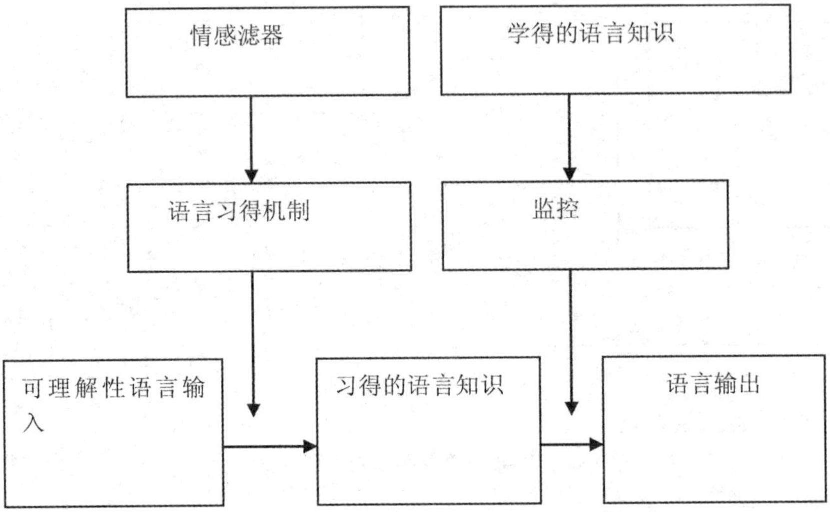

图 1-3　语言监控理论的运行过程

（资料来源：杨莹子，2009）

四、人本主义学习理论

人本主义的学习理论起源于 20 世纪五六十年代在美国兴起的一种心理学思潮。人本主义学习理论是建立在人本主义心理学的基础之上的。人本主义心理学强调人们的自我指导、自我发展和自我实现的过程，其在教育思想上的反映就是倡导认知与情感的统一，主张以学生为中心，建立良好的师生关系，营造一种宽松的学习氛围。人本主义学习理论的研究成果主要体现为以下几个重要理论。

（一）学习类型论

罗杰斯将学习分为两类，即无意义学习和有意义学习。

1. 无意义学习

罗杰斯认为，无意义学习只涉及心智（mind），是一种“在颈部以上(from the neck up)发生的学习”,它不涉及人的感情或个人意义(personal significance),与完整的人无关。无意义学习类似于无意义音节的学习。学生要记住这些无意义音节是一项困难的任务,因为它们是枯燥乏味、无关紧要、很快就会忘记的东西。在罗杰斯看来,学生在课堂里学习的内容,有许多对学生来说具有这种无意义的性质。几乎每个学生都会发现,他们课程中有很大一部分内容对自己是无个人意义的。

2.有意义学习

有意义学习(significant learning)不仅仅是一种增长知识的学习,而且是一种与每个人各部分经验都融合在一起的学习,是一种使个体的行为、态度、个性以及未来选择行动方针时发生重大变化的学习。例如,一个五岁小孩迁居到另一个国家,在不进行任何语言教学的情况下,让他每天与新的小伙伴们一起自由地玩耍,他在几个月内就会掌握一种新的语言,而且会习得当地的口音。原因就在于他是以一种对自己有意义的方式去学习新语言的,所以学习速度极快。倘若请一个专门的语言教师去教他,在教学过程中使用对教师有意义的材料,那么他的学习速度将会极其缓慢,甚至停滞不前。罗杰斯认为,意义学习能把逻辑与直觉、理智与情感、概念与经验、观念与意义等结合在一起。当我们以这种方式学习时,我们就成了一个完整的人,即成了能够充分利用我们自己所有的能力来学习的人。

罗杰斯认为,有意义学习包括如下四个要素(易小文、陈杰,2006)。

(1)学习具有个人参与(personal involvement)的性质,即整个人的认知和情感都投入到学习活动之中。

(2)学习是自我发起的(self-initiated),学生由于内在的愿望主动去探索、发现和了解事件的意义。

(3)学习是渗透性的(pervasive),它会使学生的行为、态度乃至个性都发生变化。

(4)学习是由学生自我评价的(evaluated by the learner),学生自己评估自己的学习需求、学习目标是否完成等,因为只有学生最清楚某种学习是否满足自己的需要、是否有助于获取他想要知道的东西、是否明了自己原来不甚清楚的某些方面。

(二)学习实质论

人本主义心理学指出学习的实质是形成与获得经验,学习的过程就是经验的形成与获得的过程。在人本主义心理学的基础上,人本主义学习理论从以下四个方面来解释学习的实质。

1.学习即"形成"

人本主义学习理论重视学习方法的学习和掌握,强调在学习过程中获得知识和经验。在实际学习过程中,很多有意义的知识或经验不是从现成的知识中学到的,而是在做的过程中获得的。学生通过参加学习活动,进行自我发现、自我评价和自我创造,从而获得有价值的、有意义的经验,获得如何进行学习的方法或经验。所以,最有用的学习是学会如何进行学习。

2.学习即理解

罗杰斯认为,个人的学习不是机械的刺激和反应之间的联结的总和,而是一个心理过程,是个人对知觉的解释。具有不同经验的两个人在知觉同一事物时,往往会出现不一致的反应,这是因为两个人对知觉的解释不同,所以他们所认识的世界以及对这个世界的反应也不同,而并非所谓的联结的不同所致。所以,要了解一个学生的学习过程,关键是要了解学生对外界情境或刺激的解释,而只了解外界情境或外界刺激是远远不够的。

3.学习即潜能的发挥

人本主义心理学家认为,人类具有学习的自然倾向或学习的内在潜能,人类的学习是一种自发的、有目的、有选择的学习过程。人本主义的学习观把学生看作一个有目的、能够选择和塑造自己行为并从中得到满足的人。而教学的任务就是创设一种能够有效激发学生学习潜能的情境，以使学生的潜能得以充分发挥。罗杰斯强调教学要以学生为中心，教师的任务是帮助学生增强对自我和变化的环境的理解。此外，人本主义学习理论认为学习过程应该是一个愉快的过程，教师在教学过程中不应把强迫、惩罚以及种种要求或约束作为促进学生学习的方法。

4. 学习是有价值的学习

马斯洛和罗杰斯都强调，学习的内容应该是对学生有价值、有意义的知识或经验。罗杰斯认为，只有当学生真正地了解所学内容的用处时，学习才能成为最好的、最有效的学习。通常来说，学生感兴趣并认为是有用处、有价值的经验或技能比较容易学习和保持；而那些学生认为是价值小且效用不大的经验或技能通常学习起来很困难，也容易遗忘。人本主义这一学习观提示教师要尊重学生的兴趣和爱好，尊重学生自我实现的需要，在课程内容的设置上给学生以充分的自由，允许学生根据自己的兴趣和爱好以及自我需要来选择有关学习内容。

（三）学习动机论

人本主义心理学的动机论是以马斯洛的“需求层次论”为基础的。“需求层次论”将人的需求分为五个等级：生理需求（physiological needs）、安全需求（safety and security needs）、社交需求（love and belonging needs）、尊重需求（esteem needs）、自我实现需求（self-actualization needs）。其中，自我实现需求指的是人类能把自身中的潜在东西变成现实的东西的基本倾向，是最高层次的需求。自我实现是对天赋、能力、潜力等的充分开拓和利用。马斯洛认为，人具有“自我实现”的动机，有“自我实现”需要的人总是致力于他们认为重要的学习和工作，对他们来说，学习和工作是充满乐趣的，由此学习、工作与休息、玩乐之间的界限变得模糊了。

以马斯洛的需求层次理论为基础，罗杰斯提出了“自我实现”的三个阶段。

(1)“映射”阶段。在这一阶段，人的自我发展是由外界要求的“映射”产生的。比如，学生说：“我要努力学习，因为老师这样要求我们。”

(2)混乱阶段。当学生有一定的自我意识时，教师对学生的要求往往与学生自己的观点产生矛盾，结果造成学生无所适从，处于混乱阶段。

(3)自我实现阶段。当学生的自我意识占据主导地位并认识到了自己的价值和能力时，学生便能独立地、创造性地做出判断和决定，从而实现自己的愿望。

马斯洛还针对如何使学生具备“自我实现”的学习动机的问题提出了许多策略性的建议，主要有以下几点。

(1)避开过去。学生在学习时，应把全部身心投入学习，排除先前事件的影响。特别是对于差生来说，如果他们总是持有“我以前学得不好”的观念，那么他们将会停滞不前，不能取得进步。

(2)保持积极接受的态度。所谓积极接受的态度，是指学生学习时，既要全神贯注、独立思考，又要虚心接受别人的意见。马斯洛指出，当我们以非干扰和安全接纳的方式与别人相处时，就能感受到更多东西。可见，同学之间的互帮互学十分重要。

(3)防止两种心理障碍。其一是“低俗化”(Desacralizing)，即自以为把世上一切都看穿了，不相信神圣的、美好的东西。其二是“约拿情结”(Jonah Complex)，指那种畏惧美好和神圣事物的心理障碍。

五、行为主义学习理论

行为主义学习理论最初来源于俄国生理学家巴甫洛夫(Ivan Pavlov)的“条件反射”概念。根据巴甫洛夫的条件反射实验，在特定的条件下，通过重复性的反射作用可以使动物的某种习惯得到强化,并逐步地固定下来。也就是说,条件反射是由于信号刺激引起的反射,它是后天获得的经学习才会反射,是后天学习、积累"经验"的反射活动。这一条件反射概念揭开了语言学习现象最基本的生理机制。

受巴甫洛夫的"条件反射"这一概念的启发,人们开始分别从实验及理论两个方面探讨儿童学习语言的过程,并在观察的基础上逐步形成了相应的观点。其中一个观点就是,儿童学习语言也是通过对周围条件做出正确反应后逐渐形成说话习惯,它也是一个不间断的"刺激—反应"的过程。在此观点的基础上,20 世纪初,美国心理学家华生(John B. Watson)创立了行为主义学习理论。行为主义者认为,语言习得与学习和人类的其他行为一样,是形成习惯的过程,在语言学习中,儿童通过不断对自己做出反应,反复重复成年人的语音和句型,最终形成与成人一样的语言习惯。行为主义学习理论的主要代表人物有赫尔(Clark Leonard Hull)、桑代克(E. L. Thomdike)、斯金纳(Skinner)等。其中,斯金纳将行为主义学习理论推向了发展高峰,其著作《言语行为》(*Verbal Behavior*,1957)的出版,标志着行为主义在语言教学理论中统治地位的确立。之后,行为主义学习理论在美国占主导地位长达半个世纪,对英语教学也产生了重要的影响。下面我们就分别介绍华生和斯金纳的理论及其观点。

(一)华生的经典行为主义理论

华生把有机体应付环境的一切活动称为"行为",行为的基本成分是反应,反应分为习得的反应和非习得的反应。前者包括我们一切的复杂习惯和一切条件反射,后者则指我们在条件反射和习惯方式形成之前的婴儿期所做的一切反应。华生把引发有机体反应的外部和内部的变化称为刺激,而刺激必然属于物理的或化学的变化。任何复杂的环境变化,最终总是通过物理变化或化学变化转化为刺激作用于人的身上。换句话说,刺激和反应都属于物理变化或化学变化。由此便形成了 S—R(刺激—反应)公式,通过刺激可以预测反应,通过反应可以推测刺激。华生认为,学习就是以一种刺激替代另一种刺激建立条件反射的过程。在他看来,人类出生时只有几个反射和情绪反应,所有其他行为都是通过条件反射建立新的刺激—反应(S—R)联结而形成的。

华生认为,人类的行为都是后天习得的,环境决定了一个人的行为模式,无论是正常的行为还是病态的行为都是经过学习而获得的,也可以通过学习而更改、增加或消除,并认为查明了环境刺激与行为反应之间的规律性关系,就能根据刺激预知反应,或根据反应推断刺激,达到预测并控制动物和人的行为的目的。华生认为,行为就是有机体用以适应环境刺激的各种躯体反应的组合,有的表现在外表,有的隐藏在内部。

(二)斯金纳的新行为主义理论

20 世纪 50 年代,以斯金纳为代表的新行为主义者发展了行为主义的理论。他们把行为作为基本的研究对象,并把重点放在对行为的实验分析上。

斯金纳认为,人的言语行为像大多数其他行为一样,是一种操作性的行为,它通过各种强化手段而获得。他提出的“操作制约”(operant conditioning)观点是行为主义学习理论的一个重要组成部分。这一观点强调语言学习的过程可以看作一个不间断的操作过程。如果这一动作的结果是满意的,操作者就会重复“操作”,这时“操作”便得到“强化”,这也称为“正向强化”(positive reinforcement)。儿童的语言学习过程正是这样一个不间断的“操作”过程,逐步形成语言行为。

在某一语言环境中,他人的声音、手势、表情和动作等都可以成为强化的手段。例如,教师可以通过表扬、肯定、满意的表示使学生的某种言语行为得到强化。由于言语行为不断得到强化,学生就能逐渐养成语言习惯,学会使用与其语言社区相适应的语言形式。如果没有得到强化,语言习惯就不能形成,语言是不能学习到的。在学习时，只有反应的“重复”出现，学习才能发生。因此，“重复”在学习中是相当重要的。

斯金纳把学习的历程分为两种类型：应答性条件作用和操作性条件作用。前者是经典行为主义研究的内容，而斯金纳研究的重点是后者，即操作性条件作用。操作性条件反射的形成依赖于有机体做出一定的动作反应；而经典性条件反射的形成依赖于有机体的无条件反射。斯金纳承认意识的存在，但认为意识并不作为行为的生理中介物，也不作为行为本身的一部分，因此我们可把它作为刺激控制形式来加以分析。

行为主义学习理论在当今时代的语言学习过程中依然起着重要的作用。虽然学习需求、学习环境在不同程度上发生了变化，但是学生依然在有意识或无意识地受行为主义学习理论的影响。例如，在英语教学的初级阶段，反复操练被看作语言学习的一个重要且有效的手段，得到广泛的应用。但行为主义学习理论有很多不足之处，如它完全否认人类学习的内在心理机制，忽视了人类的主观能动性，难免走向机械主义和环境决定论，因此受到认知主义等学习流派的批评（许智坚，2010）。

第二节　英语教学的现状分析

一、应试教育倾向明显

我国传统的英语教学主要以应试教育为目的，培养学生的考试能力，以通过英语等级考试为衡量教学效果的重要指标。这种应试考试教学倾向与素质教育不同，对学生学习能力的提高与发展影响深远。考试本身具有两种功能，一种是评价功能，另一种是选拔功能。在应试教育的影响下，考试的选拔功能是人们更为看重的。[①]

受传统应试教育的影响，我国的英语教学将关注点放在通过国家英语四、六级考试上。而做选择题是英语四、六级考试的标准化测试方式，因此学生就要把大部分时间花在做大量的模拟题上，较少参与课堂讨论和交流。在这种课堂教学氛围中，学生虽然应试能力得到了提高，但是其长远的语言学习能力与创新能力却被扼杀。

此外，受传统应试教育理念的影响，我国很多英语教师的教学观念落后，教学时通常进行“满堂灌”，学生只是被动地接受知识，这对学生语言能力的提升极为不利。

二、教材选择欠妥

教材对教学方法的使用和教学目标的实现都有重要影响，所以对于任何一门课程而言，教材的设计和选择都至关重要，甚至决定这门课程能否成功。当然，英语课程也不例外。

就目前我国非英语专业的大学英语教材来说，其内容选择上重文学、重政论，却忽视了其实用性。自改革开放以来，外语教材的发展并没有跟上时代的步伐，教材设置的目的已不能满足现代外语教学的需求。

20 世纪 90 年代以来，我国引进了不少由英美国家合编的教材，也引进了许多原版英语教材，推动了我国本土教材的发展。但是由于教材编写与内容挑选基本属于英美文学取向的教材，其中不少选文出自名家，其只追求“可教性与可学性”，而忽视了实用性，学生通过教材学到的知识根本无法应用于社会实践。因此，选择并设计好英语教材是非常必要的一件事。下面是选择英语教材和设计教材应遵循的几个理念。

① 卜霞.传统英语教学中存在的弊端[J].教育教学论坛(教法研究),2011(10):93.

(1)好的教学指导思想。

(2)内容的安排和选择符合教学目标。

(3)体现先进的教学方法。

(4)教材的组成是否完整包括了学生用书、教师用书、练习册、录音带或录像带或多媒体光盘等组成的立体化教材。

(5)教材的设计是否合理,即教材的篇幅、版面安排、图文比例和色彩等。

(6)教材语言的素材是否真实、地道。

三、教师资源匮乏

近年来,随着部分院校招生规模和学校规模的不断扩大,出现了公共教学资源和师资力量不足的情况,使教师和学生之间的比例失调,教师内部结构的失衡,尤其是年轻教师、高级职称教师、学术带头人比例的不均衡。甚至还有部分学校的英语教师的年龄结构偏年轻化,教师队伍出现不稳定的情况。这种公共英语教师年纪轻、人数少、职称低、经验不足的现状使学校的师资无法在年龄、学历、职称方面做到合理化分配,教师队伍中形不成合理的梯队,这在很大程度上给英语教学水平的提升带来一定的困难。因此,在当代知识更新速度快、科技发展速度迅猛的情况下,加强教师的师资队伍建设和优化师资资源非常关键。

四、学生基础参差不齐

受到地区差异、城乡差异等客观因素的影响,各学校之间及校内间学生的英语水平存在很大的差异。如果将水平相差较大的学生安排在同一班级,则教师很难根据学生的特点因材施教,而且基础较好的学生学不深,基础较差的学生跟不上。可见,学生水平参差不齐的情况给英语教学带来了诸多不必要的麻烦和困难。

五、学生缺乏浓厚的学习兴趣

英语语言的学习具有枯燥、规则多、零碎并需要学生大量记忆反复运用的特点。经调查分析，许多学生对英语学习缺乏兴趣。有时学生尽管一时对英语学习很积极，但往往没坚持多久就放弃或坚持了一段时间没有得到相应的提高而对英语学习丧失兴趣。还有一些学生只是为了应付考试或过级，对英语的学习处于矛盾或茫然的状态，尽管意识到英语的重要性，但仍对英语学习不感兴趣，可见学生主观方面兴趣的缺失也是英语教学中亟待解决的一大难题。这些问题无形中对老师英语教学方法和技能提出了更高的挑战和要求，教师只有将学生的学习需求和语言教学相结合，并不断丰富教学方式，提升教学技能，运用多元化的教学手段，才能最大限度地激发学生的兴趣，让学生在兴趣中持续学习、不断提高。

六、与信息技术的结合有限

随着现代技术的发展，在教学中出现了很多现代化的教学手段，使学生可以在更广泛的范围内接触和学习英语。但从实际情况来看，现代教育技术在英语教学中的应用还很不够。尽管一些学校使用了诸如多媒体、网络等教育技术，但实际效果并不理想。之所以出现这种结果，原因是多方面的。例如，学生数量多与现代化设备相对少两者之间产生矛盾，使得整体上缺乏多媒体学习环境导致。再如，信息技术在英语教学的很多领域并不是万能的。这种局限在非逻辑判断领域体现得异常明显。由于信息技术和英语教学都带有自身的发展特点，因此二者的整合过程势必会面临一定的问题，具体来说主要表现在以下几个方面。

（一）结构失衡

首先，虽然我国很多学校已经进行了教育信息化改革，并且基础设施的建设日趋完善，但大多流于形式，只是单纯地进行了信息化教室的建设，在一些简单的问题上采用信息化教学模式，而绝大多数时间依然采取传统的教学模式，没有发挥出信息化教育的重要作用。

其次，英语教材并没有与教育信息化进行深入结合，其教学内容和教学结构依然以词汇、语法等基础知识为主，没有体现出教育信息化的重要作用，教材更新速度缓慢，结构落后。

（二）无法达到全面评估

将信息技术应用到英语教学中，虽然对于个性化教学的展开大有裨益，但是其效果仍旧需要以学生的自觉性为保证。例如，在英语作文评价过程中，信息技术无法对学生的作文做出判断，也无法对句子之间的关联程度展开分析。甚至对文章内容与作文主题的关联程度，信息技术也无法做出相应判断。

（三）师生缺乏互动

信息化学习只是一种利用网络的学习方式，因此其无法和学生进行情感上的沟通。同样是对学生的夸奖，计算机的表扬效果肯定不如教师面对面的夸奖。教师和学生在情感上的沟通与交流是信息化学习所不具备的。

计算机也不能感应学生的情绪变化，并根据学生对知识的吸收程度来灵活调节上课进度。

另外，教师是英语教学的重要指导者。中国古话有云“师者，传道授业解惑也”。为人师表，体现的就是教师对学生在品性上的影响。在正常的师生课堂交流过程中，学生会不自觉地学习教师的行为模式和为人处事的特点，从而提升自己的道德水平。这些都是信息化技术难以完成的。

（四）缺乏动态控制力的课件

信息技术在英语教学中的应用主要是通过课件的形式进行

的。课件指的是在一定的学习理论指导下，根据教学目标设计的，从而反映某种教学策略和教学内容的计算机软件。一般来说，课件是由英语教师设计的。课件在英语教学中也存在着一定的局限性。

首先，在课件制作上，许多教师虽然在积极的制作并使用课件，但实际上并没有理解多媒体课件的意义，绝大多数教师只是将自己所讲解的内容，从黑板转移到了多媒体课件上，其本质上仍然是传统的教学模式，没有发挥出信息化教学的重要意义。

其次，一个课件一旦形成，其流程就固定下来，在教学过程中不可能再发生变化。教学作为一种特殊的认识活动，师生都是活动的主体。课堂教学的精髓是师生的相互交流、相互影响，这就必然造成教学过程中事件的非预见性。

课件的设计不能把对这些事件做出的“反应”纳入可控流程，而恰恰是教学过程中这些非预见性的事件实现了教与学的全过程。这种固化了教学内容、策略以及知识表达呈现方式和顺序的形式，排斥了意外事件的发生，这实际是排斥了师生的相互作用，也降低了课堂教学的丰富生动性。当课堂上出现“预定”流程以外分支时，授课老师或者放弃做出反应，或者仍回到传统教学方式中。由此可见，课件这种形式缺乏对课堂的动态控制能力。

第三节　英语教学的影响因素

一、教师

（一）教师的角色

1. 知识的传授者

教师是知识的传授者。一方面，教师通过对教材的熟知与理解，将书本知识传授给学生；另一方面，教师作为主动的施教者，能够监控整个教学的活动。因此，在英语教学中，教师不仅要传授课本知识、传授学习方法，还要传授生活的道理。

2.课堂教学的规划者

要想呈现一堂好的英语课，科学的课堂教学规划是必不可少的，教师需要在课前规划好课堂的导入、教授，课后的总结等各教学环节。其中，以课堂导入的规划尤为重要。例如，在讲授关于"谦虚"的课文时，教师可以通过下面两个例子进行适当引导。球王贝利在获得"世界足球先生"接受记者采访时，记者问球王对自己哪一个进球最满意时，球王却回答说"下一个"；一位导演在接受媒体采访时，记者问这位导演他对自己哪部影片最满意，导演回答说："如果把我的片子打碎成不同的片段，每一个片段都将焕发智慧的光芒。"介绍完这两个例子，老师可以问学生，球王贝利和导演哪一个谦虚？通过这样的导入规划可以有效将学生引入教学情景中。

3.教学活动的供给者和促进者

教师在课堂教学中，既是活动的供给者，也是信息的反馈者，同时是活动进行的促进者。

(1)课堂教学活动由教师策划、组织，为了学生能明白课堂教学活动的规则，教学必须给学生提供必要的信息，以便学生根据课堂教学活动的要求开展小组活动和讨论。

(2)在学生参与课堂教学活动时，教师应该给予学生及时反馈，以引导学生朝向教师预设的教学目标前进，因此教师又是教学活动信息反馈的供给者。

(3)教师在教学活动中还起着助推器的作用。当学生在任务中遇到困难时，教师并不是要直接告诉学生，而是从侧面去引导学生。教师可以提供有效的线索给学生，让学生把前后的知识串联起来，从而达到活学活用的效果。另外，教师应该做到：帮助学生制订合适的目标，修正学生的学习策略；指导学生掌握良好的学习方法;建立一个民主的师生关系与融洽的学习氛围等。

4.课堂教学的组织者

在课堂教学活动中,教师也是教学活动的策划者和实施者。教师应该对课堂教学内容了然于胸,对于教学重点和难点也了如指掌,根据教学内容及本班学生实际情况精心设计各种教学活动。而作为教学活动的组织者,教师需要让学生明白做什么、怎么做。学生有了活动目标,就可以用最巧妙的方式完成教师交代的任务。另外,在课堂教学中,教师不能一味地传授知识,而应该组织学生去发现、寻找、搜集以及利用学习资源,组织他们营造良好的学习气氛等。

5.教学发展的协助者

教师作为教学中的协助者主要表现在两个方面:导师指导和教学辅助。

(1)导师指导主要指教师在教学中指导学生学会学习,学会自主学习,学会与同学合作共同学习。此外,教师还要指导学生在学习文化知识的基础上形成一种正确的人生价值观和世界观。

(2)教师的教学辅导主要指教师以辅导员的身份对学生的学习进行课内外针对性的辅导,如教师有针对性地给成绩优异生提供学习辅导,针对成绩落后的学生,教师可以适当给予课外辅导或兴趣引导。

6.教学过程的示范者

教师作为教学示范者主要涉及课堂教学示范和人格魅力示范。教师课堂教学示范相当于拜恩在教学过程中提 PPP 教学模式中的 presentation(呈现)阶段;拜恩首先要求教师呈现或描述语法结构或语言知识点,然后组织学生进行练习,使学生在模仿练习、掌握了新句型和正确发音的基础上,要求学生自己运用上下文关联的语言情景来学习巩固新学的语言知识。人格魅力示范主要是教师在教学中不仅要以自身学业在先的强权身份给学生传授知识，更应该以一种不同寻常的“超凡魅力”（Charismatic Authority）的感染力感染学生形成一种积极的世界观。这种“超凡魅力型”的课堂教学示范力，由教师的人格魅力在学生中自主激发，不依附于任何规章制度，也不受制于教师的强权压制。这种权力更多的是教师幽默的风格、渊博的知识以及博大的胸怀对学生感染而成。教师这种人格示范将对学生产生深远的影响。

7. 心理的咨询者

教师还应该成为学生心理的咨询者和辅导者。老师应该多与学生接触，了解学生的心理动态，在交流中帮助学生树立健康良好的思想意识，从而帮助学生提高自己的思想文化意识，使学生心理逐渐走向成熟。

8. 教学的评价者

教师在教育测试过程中是课堂教学活动的评价者和学生学业成绩的评价者，即教师是评价者。受东方文化传统的影响，我国教学理论无论从教学目的、教学内容，还是教学评价上看，都表现出明显的功利性倾向。我国的教学目的都是与考试联系起来的，考试考什么，教师就教什么，学生就学什么。学生学习的最终目的与求功名、追求高学历和高的社会地位联系起来，而教学促进个体的发展几乎被忽视了。教学内容上也是以考试为导向，国家规定了统一的教学科目，教师则完全以此为标准，按照考试的要求来进行教学，以使学生获得高分数，提高升学率。教学评价形成了以考试为主要方式的终结性评价，分数的高低决定学生能否入大学以及入何种层次的大学，考试成为学生改变人生、追求高的社会地位的最有效途径。作为评价者，教师应该改变应试教育功利主义的教育价值观，构建符合素质教育要求的课程体系，建立理性的英语教学评价体系。

教学过程中应当引入过程性评价，对学生参加的活动进行积极的评价。英语生态教学模式要求教师采用测试性与非测试性评价、形成性评价和终结性评价相结合的评价方式，把评价结果作为激励学生学习和促进学生能力发展的手段。

9.学术的研究者

教师除了正常的教学工作之外，还需要投入教学研究中。教师对自己的教育教学行为进行研究，进而反思并改变。作为研究者，教师应该具备科研能力，需要明确自己的研究方向，从而更好地应用于教学中。

（二）教师的素养

在我国，英语作为一门外语，其使用范围有限，绝大多数英语学习者主要是通过课堂教学来完成英语的学习。这就要求教师在教学过程中，除了要充分发挥出自身的主导作用，更要注重自身素质的提高，给学生带来潜移默化的影响。归纳起来，教师的基本素质包括以下三个方面。

1.专业素养

归纳起来，教师专业方面的素养主要包括以下几个方面。

（1）较高的语言水平

较高的语言水平是一名英语教师的基础，主要包括扎实的语言专业知识和较高的语言技能。只有教师自己具备较高的语言水平，才能够全面地掌握教材，才有能力将知识传授给学生。对于学生来说，一位高水平的优秀教师对其潜移默化的影响是非常大的。因此，教师不仅要具备系统的英语语音、语法知识，还要具备较大的词汇量，同时要具有良好的听、说、读、写能力。

（2）系统的教学理论知识

系统的教学理论知识是英语教师必须掌握的。教师除了要具备教育学、心理学理论以外，还要掌握外语教学理论知识，这主要包括现代语言知识、外语习得理论知识和外语教学法知识等。

(3)传授和培养英语知识技能的能力

具体来说，教师传授知识技能的能力主要涉及以下几个方面。

①要善于讲解。讲解是所有教师必须具备的最主要、最基本的工作能力。一名合格的教师要善于将复杂的教学内容变得通俗易懂，能够深入浅出地进行讲解。为此，教师不仅要充分了解学生的心理、生理特点以及学生的英语水平，还要认真细致地做好备课，并且要根据不同的内容选择适当的讲授方法，在讲解的过程中还要做到重点突出。

②要善于示范。英语教学既要传授知识，又要培养技能。学生语言技能的训练包括发音、书写、朗读、说话，这些都需要教师进行示范，然后学生对教师的示范进行模仿。教师要将示范和讲解相结合，用示范配合讲解，或者用讲解来突出示范中的重点，做到示范正确、标准。由于示范是为了让学生进行模仿，因此还要与学生的实践相结合。

③要善于提问启发。向学生提问是英语教学的重要手段，教师要善于使用这一手段。例如，在讲授新知识之前通过提问来复习旧知识；用提问检查与复习讲授的内容。使用提问教学手段时教师要注意两点：提出的问题要适合学生的实际水平；提问要注意调动全班学生的积极性。

④要善于引导学生进行练习。语言技能的培养需要大量的语言实践，如语音练习、语法练习、口语表达练习、听力培养练习、阅读练习、写作练习等。教师要熟悉各种练习形式的作用，并在英语课堂教学中引导学生进行各种练习活动，有效培养学生的语言技能。

⑤要善于纠正学生言语中的错误。学生学习英语是一个逐步进步的学习过程，在这个过程中难免会出现错误。有些错误是学生可以自行改正的，教师对此类错误不必纠正。而对于有些必须纠正的错误，教师也应该有策略、有技巧地进行纠正。哪些错误需要纠正，哪些错误不需纠正，在何时纠正、如何纠正，都反映

着教师的教学实践素质。

(4)综合教学能力

综合教学能力是指在英语教学中所需要的语言本身之外的教学能力，主要包括唱歌、书写、绘画、制作、表演等。具体来说，能唱是指能够结合学生学习的进程编写、教唱学生喜爱的英文歌曲；能写是指书写字迹工整规范；能画是指会画简笔画，并能运用于教学之中；能制作是指能够设计制作适用于教学的各种教具，包括幻灯片、录像、电脑软件等；能表演是指能够充分利用体态语，以丰富的表情、协调的动作表达意义或情感，做到有声有色。

(5)较强的科研能力

过去，英语教学只要求教师具备一定的语言水平和教学水平。但是随着时代的发展，教育对教师提出了新的要求，教师除了语言水平和教学水平，还要具备较强的教育科研意识和科研能力。

一名优秀的英语教师不仅是教学的实践者，还应该是科研参与者，是英语教学与学习规律的研究者。长期以来，我国的英语教学在很大程度上是照搬国外的英语教学理论和教学方法，这在一定程度上促进了我国英语教学的发展。但是，由于这些理论和方法大多是针对第二语言学习者而提出的，而且中国的英语教学具有自己独特的语言文化背景，中国的学习者具有自己独特的生理与心理特点，因此这些理论与方法并不一定适合我国的英语教学。为了提高我国英语教学的效果，教师不应满足于借鉴国外的教学理论与方法，还要充分考虑中国的特色，结合我国的教学实践，通过融合与创新，努力探索具有中国特色的英语教学之路。为此，教师应该结合自己的教学经验和教学实践，通过不断调查研究教学实践过程，分析总结经验，改进教学，并将其中成功的经验上升为新的理论，丰富我国的英语教学实践，促进我国英语教学的发展。

2. 师德素养

我国英语教学应把德育工作摆在素质教育的重要位置，德育工作的成效与教师的师德素养直接相关。师德是教师从事教育教学活动的动力源泉。师德决定着教师对学生的热爱、对事业的忠诚、对教学执着的追求和人格的高尚。师德还直接影响着学生的成长。因此，英语教师必须具有坚定的理想信念，科学的世界观、人生观、价值观，忠于人民的教育事业，具有爱岗敬业的奉献精神，热爱学生。教师只有自身懂得奉献、体现公正、具有责任感，才能言传身教。

3. 人格素养

人格素养是教师素养的综合体现。“学高为师，身正为范”概括了教师的职业特征和专业特征，同时概括了对现代英语教师人格塑造的要求。一名优秀的英语教师应具有高尚的道德品行，令人愉快的个人性格，宽容、谦逊、好学的品质，正确的自我意识，良好的心理素质，幽默的语言表达，和谐的人际交往，端庄的仪表风度，崇高的审美素质，积极耐心的工作态度以及丰富的知识经验等。这些方面并不是孤立的，而是相互联系、相互影响的。

二、学生

教学包括教与学两个方面。教师的因素固然重要，但学生的因素也不容忽视。学生学习效果的最优化是整个教学过程和教学活动的终极目标，反过来，学生群体及其学习的大环境将直接影响英语教学的最终效果。

（一）学生的角色

归结起来，学生在教学中的角色主要表现在以下几个方面。

1. 教学的主体

学生是教学的主体，即“活动的中心”。教师的责任不是将知识灌注给学生，而是诱导学生自己领悟并掌握知识。学生对知识的探索和发现不仅有助于建设自主学习体系，也有助于提升自己的世界观、人生观和价值观。

2. 活动的合作者

英语学习是在师生、生生之间进行的。通过团队的活动，师生之间、学生与学生之间可以互相学习，共同提高，彼此促进。而且集体和团队的力量有助于实现良好的教学效果，提高教学的质量。

3. 任务的参与者

在英语教学活动中，学生应该以参与者的身份出现在课堂上，通过积极参与，表达自己的观点，展示自己的才能，从而提高学习兴趣。这种方式不仅可以调动学生的积极性，也可以充分发挥语言的潜能。

4. 教学的反馈者

学生的个人素质不同，对英语语言的接受程度也不一样。教师将知识传输给学生，学生会遇到不同的问题，因此会向老师提出意见和建议。教师也会根据不同学生的情况对教学内容和教学方式做出改善，以促进英语教学。

（二）学生对教学的影响

具体来说，学生对教学的影响主要涉及以下几个方面。

1. 学生的基础

学生的学习基础将对未来语言学习产生直接且巨大的影响。学生的学习基础指的是学生本身已经有的语言知识资源，这是由学生前期的努力学习形成的。基础扎实，自然有利于将来的语言学习。如果前期基础薄弱，自然会对未来的学习产生不良后果。对于学生来说，应当努力学习，具备扎实的语言基础，这对于其日后语言水平的进一步提高是非常有帮助的。

2. 学生的智力水平

智力是指人认识方面的能力，智力是高度的观察力、逻辑思维能力、记忆力和想象力的总和，还是进行抽象思维、解决问题和学习的能力。[①] 智力水平则是学生的智力所能达到的程度。研究表明，智力水平对学生的学习活动有着很大的影响作用。

智力水平较差的学生，不仅需要教师的详细讲解和耐心指导，还需要通过不断训练，从而机械地形成一套学习技巧。通过这种方式形成的学习技巧缺乏一定的灵活性和变通性，一旦学生的学习环境或学习内容发生改变，他们就很难解决实际学习中遇到的新问题。

智力水平一般的学生只有经过教师的相关指导，才能逐步地形成适合自身学习水平、智力水平的学习技巧。

智力水平较高的学生具备独立、自主的学习能力，往往可以根据教师在课堂的讲解内容，结合自己的学习经验以及理解能力，自发地创造一套有效的学习技巧。经过学生自我总结与归纳形成的学习技巧，能够让学生灵活地解决学习中遇到的难题。这样不仅能加深学生对知识的理解和运用能力，还能增强学生独立解决问题的能力。

3. 学生的性格

性格是指一个人对现实的态度和行为方式表现得比较稳定但可变的心理特征，是学生的重要情感因素，也是决定其英语学习成功与否的关键因素之一。人的性格大体可以分为外向型和内向型两种。埃利斯（Ellis，1994）认为，外向型的学生有利于交际方面的学习，因其喜欢交际，不怕出错，能积极参与英语学习活动，并在活动周公寻求更多的学习机会；而内向型的学生在发展

① 贾冠杰. 英语教学基础理论[M]. 上海：上海外语教育出版社，2010：82-83.

认知型学术语言能力上更占优势，因其善于利用沉静的性格从事阅读和写作。对教师来说，研究学生在性格上的差异其最终目的是为了充分了解学生的个体差异和不同的心理状态，发挥不同性格学生的优势，因材施教，以获得更理想的教学效果。

4. 学生的动机

学生的学习动机对英语教学也有很大影响。学习动机是指激发个体进行学习活动，维持已引起的学习活动，并使行为朝向一定的学习目标的一种内在过程或内部心理状态，是直接推动学生进行外语学习的内部动力，是影响外语学习成绩的一个关键因素。学习动机来源于学习活动，也是学习活动得以发动、维持、完成的重要条件，并由此影响学习效果。

5. 学生的态度

态度是指个体对待他人或事物的稳定的心理倾向或为达到某种目的而做出的一定努力，是影响英语学习的重要因素之一。态度包括三个方面：情感成分，即对某一个目标的好恶程度；认知成分，即对某一个目标的信念；意动成分，即对某一个目标的行动意向以及实际行动(Van Els et al.,1973)。以文化学习为例，一般来说，对异质文化抱有好感，向往其生活方式，渴望了解其历史、文化和社会习俗的学生，对其文化与语言会持积极的态度，这样就可以获得良好的学习效果。反之，如果对某外族文化抱有轻蔑、厌恶甚至仇视的态度的学生则很难认真了解该文化并学好语言。此外，学生对学习材料、教学活动的组织形式及对教师的态度都会影响他们英语学习的效果。

6. 学生的反馈

由于英语教学内容丰富多彩，因此在具体的教学实践中可采用的教学形式多样，可组织的课堂活动也很多，这就需要教师在备课时花费很多心思与精力。另外，教师组织的这些教学活动是结合学生现有知识水平、学生年龄特点、学生性格特征等因素综合考虑之后才确定的，可以说完完全全是为学生量身打造的，具有很强的针对性。学生的反馈是对教师教学活动以及教学手段的评判，这会对教师今后的教学产生很大的影响，因此学生的反馈也是影响英语教学的重要因素之一。

三、教学内容

教学内容是连接学生和教师之间的桥梁，也是教学实践中不可或缺的一个重要构成因素。教学内容是指在教学活动中为实现教学目标，师生共同作用的知识、技巧、技能、思想、观点、概念、事实、问题、行为习惯等的总和。教学内容是一种特殊的知识系统，既不同于语言知识本身，也不同于日常经历；既要考虑英语学科本身的知识体系，又要考虑学生的年龄特点和实际需求等。一般来说，教学内容包括以下几个方面。

(1)语言知识。英语基础语言知识是综合英语运用能力的有机组成部分，是语言学习和语言运用的重要内容之一。没有扎实的语言知识，就不可能具有较强的语言能力。

(2)语言技能。听、说、读、写是学习和运用语言必备的四项语言基本技能，是学生形成综合语言运用能力的重要基础和手段。听是分辨和理解话语的能力；说是运用口语表达思想、输出信息的能力；读是辨认和理解书面语言的能力；写是运用书面语表达思想、输出信息的能力。学生通过大量听、说、读、写的专项和综合性语言实践活动，形成这四种技能的综合运用能力，为真实语言交际奠定基础。

(3)情感态度。所谓情感态度，是指兴趣、动机、自信、意志和合作精神等影响学生学习过程和学习效果的相关因素，以及在学习过程中逐渐形成的祖国意识和国际视野。在教学中，教师应不断激发并强化学生的学习兴趣，引导他们逐渐将兴趣转化为稳定的学习动机，树立自信心，锻炼克服困难的意志，认识学习过程中的优势与不足，乐于与他人合作，养成健康向上的品格。

(4)文化意识。在外语教学中，文化指所学语言国家的历史地理、风土人情、传统习俗、生活方式、文学艺术、行为规范、价值观念等。对学生来说，接触和了解英语国家文化有益于学生对英语的理解和使用，加深对本国文化的理解与认识，有利于提高人文素养，培养世界意识。因此，教师在教学中要注意向学生渗透文化意识，根据学生的年龄特点和认知能力，传授文化知识，培养其文化意识和世界意识。

(5)学习策略。学习策略是指学生为有效地学习和发展而采取的各种行动和步骤。英语学习的策略包括认知策略、调控策略、交际策略和资源策略等。培养学习策略有助于学生有效学习英语，为终身学习奠定基础。使用有效的外语学习策略，可以改进外语学习方式，提升学习效果，还可以让学生学会如何学习，从而培养学生自主的终身学习能力。因此，教师要有意识地帮助学生形成适合自己的学习策略，对自己的学习过程和效果进行监控和反思，培养学生根据学习风格不断调整学习策略的能力，引导学生观察他人的学习策略，与他人交流学习体会，尝试不同的学习策略。

教材是教学内容的重要载体。在新课程改革中，教材是重要的教育教学因素。教材是教师用来教学的材料，也是学生用来学习的材料。简单地说，教材是为教师的教和学生的学而服务的，是课堂的必须要素。然而，教材是死的，学生是不断变化的。而且，任何教材的编写都受编者水平和资料的限制，不可避免地会存在某些缺点和不足。如果教师一味地以完成教学任务为目的，忽略学生的反应，按部就班地使用教材，恐怕很难起到促进学生学习的作用。因此，在教学过程中，教师应灵活处理不同的教材，在课上或课下询问学生的感受，及时调整教学的方法和进度。

四、学校规章制度

学校的规章制度对英语教学有着不可忽视的重要影响，因为学校是国家教育法律和法规的执行机构，是培养社会所需人才的摇篮。一所学校所制定的相关教学法规对其培养人才的教学活动有着十分重要的制约作用，其具体影响主要通过以下两个方面来产生。

(1)课堂教学的组织与实施。课堂教学对英语教学有着直接的影响。因为课堂教学是教学活动的中心环节，师生之间的大部分教学行为都是通过课堂教学来实现的。例如，教师主导、启发、检查、督促和影响学生这一系列行为主要通过课堂教学实现，而学生消化吸收教师教授的知识和内容也是通过课堂的教学活动。可以说，课堂教学的效果不仅关系着我国国家政府部门和学校教育政策的顺利实施，而且关系着这门课程所有的精心设计与教学大纲的顺利实施，最终关系着教学目标的实现与否、育人效果的成功与否。在此需提及的一点是，具体的课堂教学效果是不容易把握的，因为它会随着教学中各种要素的变化而变化。

(2)校园第二课堂的组织与管理。校园文化环境对学生的成长也是非常重要的。我们这里所提到的第二课堂，不仅仅指的是课堂教学的延伸，也泛指整个校园里的各种活动，尤其是涉及英语的形式多样的活动。校园第二课堂的组织与管理属于校园文化环境的一部分，其对英语教学的影响也是不容忽视的。因为学生在校园里除了课堂上的学习时间外，其他学习和生活占用了他们大部分的时间。如果学校的校园第二课堂的组织和管理比较完善，那么就能够在一定程度上对学生的学习产生积极影响。

五、社会经济需求及环境

我国的社会需求对英语教学的影响是非常大的。随着中国经济的快速发展，越来越多的中国人和中国企业走出国门，越来越多的外国人和外国企业也走进中国，对具有英语(或其他外语)语言能力的人才的需求越来越大。很显然，只有社会上有强烈的对具备英语语言能力的人才需求，英语教学的必要性和重要性才得以凸显。

一般来说，社会需求对英语教学的影响表现在两个方面。

(1)社会上对具备英语语言能力的人才的需求量越大，对英语教学的推动力就越大，反之亦然。也就是说，如果每年社会上的用人单位对具有英语语言能力的人才都是供不应求的情况，学校和学习者本人对英语的教学必然持有较大的动力和较高的热情；如果每年社会上的用人单位对于所需人才是否具有英语语言能力持较低要求，其对英语教学的影响自然也是不言而喻的。

(2)社会上对具备英语语言能力的人才的需求质量越高，对英语教学的推动力也越高，反之亦然。换句话说，社会上如果需要高质量的具备英语语言能力的人才，那么学校就会为了培养出符合社会需求的人才而实施相应的规则和措施，自然会推动英语教学的改革力度；如果社会对英语人才的需求质量很低，那么这将直接影响学校在这方面的投入情况，也自然会影响英语教学发展的进程。

第二章　当代英语教学的基本方法与策略

"教学有法，教无定法"，没有一套统一而标准的教学方法。我国传统的英语教学方法已远远落后于时代的要求，英语教学面临着前所未有的挑战，因此英语教学方法的改革势在必行。另外，英语教学策略的运用对英语教学起着至关重要的作用，可以调控整个教学的过程，最终使教学达到最好的育人效果。本章将对当代英语教学的基本方法与策略进行论述。

第一节　英语教学的基本方法

一、情境教学法

（一）设计情境

设计能够引导学生积极参与学习活动的真实情境，应注意以下几个事项。

1. 呈现任务

在向学生呈现学习任务时，应做到三点。首先，要描述任务中问题发生的背景、组织等。其次，任务呈现的方式应该是吸引人的，如通过文本、视频或音频等多种方式，这样学生才有意愿积极参与。最后,教师应当给学生一定的决策权,在某些活动中允许他们有自己的决定。

2.教师指导

无论是教学设计,还是学生的学习过程,都离不开教师的认真组织、有效启发与精心指导。以学为中心的教师设计如果没有了教师的指导,必然会成为没有目标的盲目探索。

3.提供相关范例

学生解决问题都基于一定的经验,因此教师要为学生提供相关的范例,如解决问题的多种视角等。这不仅有助于学生解决当前任务,而且可以补充其自身认知结构中的空缺。

4.设计自主学习

学生是学习过程的主体,学生的自主学习是对所学知识实现意义建构的内因,而恰当的情境是促进学生主动构建知识意义的外因。外因通过内因才能起作用,可见自主学习设计在情境设计中必不可少。

5.信息资源

情境中可以提供的信息资源包括可供学生选择的并随时可得的与问题解决有关的各种信息和知识,如文本、图形、图片、声音、视频、动画等,以及通过网络获取的各种相关的资源。

6.认知工具

认知工具是支持学生思维过程的心智模式和设备,通常是可视化的智能信息处理软件,如专家系统、知识库等。认知工具能够提供组织或呈现各种信息的机制,学生借此可以进行信息与资源的获取、分析、编辑,并以此表达自己的思想。

(二)构建意义

意义构建包括以下几个步骤。

1.分析教学目标

每一阶段或每一课堂的学习内容总是由不同的若干知识点构成的,而且每个知识点的重要性及其特点都是不同的。要想完成意义建构,首先必须对所学的内容进行教学目标的分析。

2.设计教学结构

教学结构的设计就是指对教师与学生之间、学生与学生之间交互作用而形成的动态过程设计。教师应运用系统观点和动态观点审视教学中的各个环节及其相互关系,继而形成一个动态的、稳定的教学结构。

3.设计自主学习策略

自主学习策略设计就是要学生能够根据学习目的独立地选择有效的学习方式。其中,元认知策略设计非常重要。元认知策略旨在提高学生对学习过程的意识,培养其自主学习能力。

4.设计信息技术的辅助作用

信息技术的辅助作用设计是指确定一定情境下的学习主题所需要信息资源的种类以及每种信息资源所起到的作用。在这个过程中,如果学生对获取相关信息的出处、手段、方法等方面有困难,教师应及时提供帮助。

5.设计协作式学习活动

设计协作式学习活动旨在为多个学生提供思考问题的多种角度,帮助学生深化对问题的理解。开展协作式学习活动既有利于学生的自主探索,还有利于培养学生之间的合作精神。课堂讨论是常用的协作活动之一，它主要涉及以下几个方面。

第一，教师要遵循“最近发展区”理论。

第二，教师应当围绕已经确定的主题内容来设计活动。

第三，教师应当善于发现学生在讨论过程中暴露出来的知识欠缺并加以补充。

第四，教师应对学生在协作学习过程中的表现进行评价并引导学生进行反思。

6.设计学习过程与学习效果评价

对学习过程与学习效果的评价是教师和学生对教学和学习实施监控的重要手段。评价不等于测试，评价的目的是为教师调整教学方式、学生调整学习策略提供反馈。

(三)评价效果

情境教学中的评价需要考虑以下几个方面的因素。

第一，评价也十分重视知识的建构过程，强调对学生的知识发现能力、认知策略运用能力和知识综合运用能力等高层次学习目标的评价。

第二，情境教学法重视对动态的学习过程及学生进步的评价，主张评价应当成为学生有意义学习经验的一部分。

第三，评价的背景应当像教学背景一样真实而丰富。

第四，重视对学生参与学习过程的积极性进行评价，这一评价要以学生的学习课堂为中心。

第五，对学生学习过程和学习结果的评价也应采取多种方式。首先，评价主体要多元化，可以是教师、专家或者学生。其次，评价形式要多样化，可将传统的标准参照评价法与现代的学习文件夹评价法相结合。

第六，及时反馈评价信息。教师首先要对获取的信息加以分析、整理和阐释，然后针对学生的个性特点以适当的形式及时将全部或部分信息反馈给学生。

二、交际教学法

(一)交际教学法概述

1.交际能力的内涵

“交际能力”这一概念是由社会语言学家海姆斯(Hymes)针对乔姆斯基(Chomsky)的“语言能力”提出的。海姆斯认为,交际能力既包括对一种语言形式的理解与掌握,也包括对何时何地以何种方式对何人恰当使用这些语言形式进行交际的知识体系的理解。卡纳尔(Canale)和斯温(Swain)认为,交际能力主要由四个部分组成,分别是语言能力、社会语言能力、话语能力以及策略能力。

(1)语言能力也称“语法能力”。语法,即语言本身的相关知识。学生只有在掌握了词汇、句法等方面的基本知识之后,才有可能进行有意义的表达。

(2)社会语言能力。社会语言能力要求学生了解关于目标语的社会文化知识,以帮助他们在交际过程中进行适当的话语表达。

(3)语篇能力。在语言交际过程中,无论是语言的输入还是输出都要求交际者具备感知和处理语篇的能力。

(4)策略能力。策略能力又称“应变能力”,当学生的语法能力、社会语言能力和话语能力方面的知识不够全面时,策略能力可以加以弥补。

2.交际教学法的内涵

交际教学法又称为“功能法”或“意念法”,它是20世纪70年代根据语言学家海姆斯和韩礼德(Halliday)的理论形成的,是全世界影响较大的外语教学法流派。交际教学法的产生与当时的社会历史背景是分不开的。20世纪60年代，西方发达国家的经济发展迅速，政府间和民间在各个领域的交往也都更加频繁。人们在各种接触中，都遇到了语言不通的障碍。在这种情况下，教学领域急需一种新的语言教学方式来解传统教学模式的燃眉之急。从20世纪70年代中期起，在教育学、语言学领域中的重大问题，都归结到交际能力这一基本概念上。越来越多的人也开始赞同从社会的角度来观察语言，于是社会需求和"交际能力"这一概念相结合，便形成了交际语言教学这一思想。随后，交际教学方法传入中国并得到了广泛的普及。简言之，交际教学法是以社会语言学、心理语言学为基础，以交际功能为大纲，以交际能力培养为目标的教学法体系。交际教学法将语言的结构与功能结合起来，要求教师不仅培养学生听、说、读、写等方面的语言技能，还要教会学生如何将这些语言技能灵活地运用到英语交际中去。

（二）如何实施交际法

1. 交际活动的设计

既然交际教学法的主要目的是培养学生的交际能力，那么课堂环境下交际活动的设计也应当为这一目的直接服务。课堂上教师对交际活动的设计主要包括两类：一类是功能交际活动，另一类是社会交往活动。这两类有效的互动活动操作性强，能够引导学生参与有意义的交际活动并使用目标语达到交际目的。此外，社会交往活动还有一些延伸设计。

（1）功能交际活动的设计

这类活动的目的是鼓励学生尽可能依靠已经建立的目标语知识体系实现有效的交际，如解决问题或交换信息。功能交际活动的类型如下。

第一，猜词活动。加强对句子的掌握和运用是培养学生交际能力的起点。教师可以借助猜词活动来为学生提供口头使用英语的机会。具体操作方法是，教师首先要求某个学生面向全班站到黑板前，然后另外一位学生将某一刚刚学会的单词写在黑板上，而这个单词须是大多数学生所熟悉的。接下来，全班同学各自用英语解释黑板上的单词，并请站在黑板前的学生猜出这个单词的拼法和意义。

第二，描述活动。描述活动是指教师让学生对具体的事物或事件进行描述，目的是促使学生学会如何以段落的形式运用和理解目标语。描述活动产生的另一个积极结果是它可以锻炼学生的逻辑思维与组织能力，这可以帮助学生更好地进行交际。

第三，简短对话。交际能力发展在很大程度上取决于学生进行简短对话、互通情感的能力，如对各种话题(包括天气、赛事、交通、度假等)的讨论。这些简短对话表面上看似毫无意义，但它们对创造社交氛围起着不可忽视的作用。简短的对话可以在两个人之间进行，也可以在多人之间进行，所讨论的话题也可以随时跳跃和转换，但都以简短为宜。

(2)社会交往活动的设计

利特尔伍德认为，为学生设计的交际活动既应当具有功能特征，也应具有社会特征。衡量一种交际是否成功，不仅依赖于语言表达功能的有效性，而且还要看所选择的语言形式的得体性和可接受程度。由于课堂环节的局限性，模仿、角色扮演等便是教师用来创建更加多样化社会语境、反映更加多样化社会关系的重要技巧。教师对社会交往活动的设计既可以基于学生熟悉的场景或事件，也可以是学生不太熟悉但将来可能会遇到的事件。总之，活动的设计可以从简单的交际事件，一直延伸到较复杂的交际事件。

(3)社会交往活动设计的延伸

教师还可以通过一些别的方式对社会交往活动加以延伸，以帮助学生构建更加真实的学习情境。学生在这样的情境中进行交际既可以更好地掌握词汇、语法、句子等方面的语言知识，又可以发展社会交往方面的技能。社会交往活动设计的延伸可以通过以下两个方式来实现。

①策略式交往

策略式交往是一种即兴表演的活动，即学生先按照预设的故事情节进行表演，但在故事情节的发展过程中，教师可以刻意添加新信息，要求学生变换各自扮演角色的特征、改变交往的方向等。策略式交往包括两种。第一，听觉活动。教师可以将一个完整的故事分成几部分进行录音，然后将学生分为相应的小组再听录音。每个小组听完后，完成教师发给他们的一组基于故事情节的理解题。由学生对故事的情节进行意义协商，并对其他小组的学生进行提问，同时解答其他小组学生的问题，以促进学生的语言输出。第二，视觉活动。可借助录像、幻灯片、电影等各种媒体，它们可以帮助学生接触到大量真实的语料信息。

②社会戏剧

社会戏剧是一种模拟的社会交往活动，即学生根据预设的社会交往情境，模拟进行社会交往活动。社会戏剧的设计对培养学生社会交往活动的能力十分有效，其过程包括如下几个方面。

第一，准备活动，即教师向学生介绍活动的主要内容。

第二，展示新词汇，即教师向学生展示要学习的词汇或短语。

第三，展示要解决的问题，即教师以讲故事的方式向学生介绍交际活动的背景知识，并将学生的注意力吸引到要解决的问题上。

第四，讨论故事发生的语境及在学生中确定相应的角色。

第五，指定观众，即教师给那些没有参与到角色表演中的人分配一些相应的学习任务。

第六，表演，即学生按照各自扮演的不同角色进行表演。

第七，新一轮的角色扮演，学生要谈论故事发生的语境并进行新一轮的角色扮演，从而发现新的问题解决办法。

第八，重新表演，即学生将故事情节以新的解决办法重新表演。

第九，总结，即在教师的引导下，学生对活动进行总结。

第十，后续活动，包括继续讨论、书面练习、阅读练习等。

2. 交际能力的评价

教师所设计的交际活动兼具功能特征与社会特征，相应地，对学生交际能力的评价也涉及功能因素与社会因素两个方面。当然，对功能与社会两种因素的评价不是截然分开的，而是统一地融入对学生总体交际能力的评价中。

（1）对习语掌握的评价

任何一种语言都包含有大量习语，如果学生所输出的语言合乎语法规则，但与习语的用法相悖，那么在交际过程中也会遇到表达上的困难和尴尬。此外，在英语礼仪交往中，必须使用一些约定俗成的短语。以上主要是句型和语法结构上的约定俗成，英语中也存在词汇的约定俗成的表达方式。例如，像“Check, please.”这一固定表达方式仅在饭店结账时使用。

（2）对运用目标语得体性的评价

交际话题的选择决定了目标语文化背景知识所确定的得体性。在一种文化中被视为个人隐私的话题在另外一种文化中可能被认为是可以公开讨论的话题。此外，目标语的使用是否恰当，主要与交际者之间的关系以及交际发生时的语境有关。

（3）对文化背景知识掌握的评价

对目标语文化背景知识的掌握，有助于学生掌握语言运用的得体性。一种语言表达方式是否得体，是由该语言的本族语者所共有的社会文化习俗所决定的。因而，学生在交际过程中应注意学习并掌握这些文化规则。教师可以将带有文化误解的交际场景呈现给学生，这些文化误解极有可能导致本族语者产生负面情绪，教师通过让学生指出问题并加以纠正，就可以了解学生对该文化规则的掌握程度，并及时提供启发性知识。同时，教师可以对目标语文化与母语文化加以比较，这样既可以巩固学生对母语文化的掌握，也有利于在目标语文化与母语文化之间形成一个健康的平衡状态，帮助学生更好地进行交际。

三、分级教学法

(一)科学分级

级别设置的科学性是分级教学能否实现教学效果的前提和关键。在实施分级时,要遵循个人意愿与统一考核分级相结合、实际水平与考试结果相结合的原则。此外,需要有科学的分级试题和分级标准。就学生的基础能力和发展潜力来看,可以将学生分为三个级别,即初级、中级、高级,具体要求如下。

(1)初级班学生的语音和语法等基础知识都不太扎实,教学时应放慢进度,强化学生对基础知识的掌握。

(2)中级班学生的英语水平一般,但往往对英语听说感到畏惧,处于这个级别的学生数量最多,可以按照正常进度教学,并使他们在英语四级考试中取得好的成绩。

(3)高级班学生的英语水平普遍较高,具备一定的听说和读写技能,但是听说能力还需要加强,教师应尽量使他们通过英语六级考试,并取得较好的成绩。

(二)保持区分度

在分级考试中,有些学生可能因为一分之差没有进入 A 级班,多一分少一分也许还不能证明英语能力的高低。这时候,分级考试的界限就显得不客观、不灵活。为了提高区分度,可以让学生自己参与分级,实行双向选择。学生最清楚自己的英语水平和学习兴趣,他们由被动选班变为自主择级,必然能增强学习英语的积极性和自觉性。具体方法是依然参考高考和摸底测试的成绩,同时公布各个级别的不同起点、听说读写各方面的学习要求和最终目标,学生可以根据自己的学习兴趣申请对应级别,由学校最终审定。

（三）落实升降机制

分级教学要采用灵活的升降调整机制，它是指通过考核和征求意见的手段在一定范围内定期调整学生的级别，使学生所受的教育和当前的状态相匹配，因为高级班和初级班的教学进度和教学形式有很大差别。对于进步的学生安排升级，这样不仅可以提高学生的积极性，还能为其他学生树立榜样；对于退步的学生要安排降档，这样可以刺激退步的学生重新调整学习策略，以便取得更大的进步。当然，也可以只在初级班和中级班之间实施升降机制，初级班和中级班统一教材，统一进度，定好升降级的比例或者名额，一定周期进行一次微调，这样就做到了不同级别之间的良好衔接。

（四）完善评价机制

在分级考试中，各级别的学生一般采用不同难度的试卷，这就可能会出现一个问题：高级班学生的英语成绩低于部分中级班或初级班学生。为了有效解决这一问题，需要完善分级教学的评价机制，可以尝试增加平时表现在总评成绩中的比重，注重过程性评价，利用形成性评价与总结性评价相结合的方式来确定最终成绩。此外，还可以根据各级别试卷的难度引入加权算法，设定一个科学的系数，整体调整高级班或者初级班学生的分数。

四、任务型教学法

（一）任务型教学法的含义

任务型教学法是从 20 世纪 80 年代逐渐发展起来，广为应用语言学家和外语教学实践者认可和接受的一种外语教学方法。任务型教学法是交际教学法的发展，是一种强调“在做中学”的语言教学方法。任务型教学理论认为，掌握语言大多是在活动中使用语言的结果，而不是单纯训练语言技能和学习语言知识的结果。在教学活动中，教师应当围绕特定的交际和语言项目，设计出具体的、可操作的任务，学生通过表达、沟通、交涉、解释、询问等各种语言活动形式来完成任务，以达到学习和掌握语言的目的。

任务型教学将任务置于教学法的中心，视学习过程为一系列直接与课程目标相联系并服务于课程目标的任务，其目的超越了为语言而练习语言。任务型教学的基本特征是以“任务”为核心单位计划、组织教学，它采用任务大纲，以任务为单位组织教学单元，以任务的完成为教学目标。在任务型教学中，通常一个任务组成一个独立的教学单元，全部教学活动围绕任务进行，服务于任务的完成。但任务型教学或任务型学习中的任务不是一般的、孤立的或者可以任意组合的课内或课外的教学或学习活动，而是整个系统或课程中的一个有机组成部分。

（二）任务型教学法的目标

1. 发展语言运用能力

发展语言运用能力是任务型教学法的一个基本目标。语言运用能力的具体目标为准确性、流畅性。准确性是指规范地使用语言，按语法的规则表达。不准确的语言会影响有效的交流，长期使用不正确的语言还可能形成固化。任务型教学法通常将语言的准确性放在第一位，即注重语言形式的准确。流畅性是所有语言教学都追求的目标之一。任务型语言教学在注重语言准确性的同时，非常注意用各种各样的方式培养学生的语言流利程度。一些学者指出，人们在使用语言时头脑中存储的不是支离破碎的语言，而是一块一块的语言，是一些预先组织好的短语和固定的表达方法。因此，教师不仅要注重发展学生的单个语法结构，而且要注重培养学生的综合语段能力。

2. 提高素质

任务型语言教学不仅倡导从语言教学的角度来认识任务的作用，还倡导从人的发展与人的培养方面看待任务的作用。从本质上说，任务型语言教学是人文主义的教学理念。按照利特尔伍德的观点，任务型语言教学有三个层次的任务。

第一个层次涉及交际。

第二个层次涉及认知。

第三个层次是人的全面发展。

由此看来，任务型教学法也要通过学生学习外语的经历和体验，发展学生的个性，包括文化意识，情感态度等，并发展学生的创造性与人际交往的能力。

（三）任务型教学法的步骤

1. 任务前阶段

任务前阶段涉及两个小阶段，即任务的准备阶段和任务的呈现阶段。任务前阶段的目的主要有两个：一是激活学生已有的知识资源，帮助学生重构语言系统与思维方式；二是使学生具备完成任务所需要的语言知识和文化知识，减轻在下一阶段完成任务时的认知压力，从而使学生真正成为主动学习者。

(1)任务的准备

任务的准备主要涉及两个方面的内容：一是作为任务参与主体的学习者所需获取、处理或表达的信息内容；二是作为任务参与主体的学习者获取、处理或表达这些内容所需的语言知识、技能或能力。在任务准备阶段，应特别注意语言输入的真实性和任务的难度。教师的教学材料既有自然交际环境下的真实性特点，也具有在课程标准指导下仿制自然交际真实性的特点，这共同构成了英语课堂环境下的语言输入。而任务的难度则主要由三个方面的因素决定：一是要学习的内容，二是活动的类型，三是学习者自身的因素。

(2)任务的呈现

任务的呈现是指教师在教授新语言之前向学生展示要求学生运用所学新语言完成的任务。在这一阶段,教师所要做的是提供给学生与话题有关的环境以及思维的方向,并把所要学习的新知识与学生已有的知识结构建立某种联系,调动起学生的求知欲,使学生满怀期待地开始新课的学习。教师需要在学生激活了完成任务所必需的语言知识和语言技能后再导入任务,这样是为了学生学习的顺利进行,以及为下一个环节奠定基础。

2. 任务中阶段

任务中阶段,即任务实施的阶段,也是学生语言技能的主要习得阶段。在这一阶段任务的选择极为关键,任务的难度过高或过低都不利于学生的学习,因此教师要合理选择任务的难度。虽然教学中经常出现任务难度过高或过低的现象,但教师可以采用多种方法来弥补这种现象。例如,当任务难度过高时,可以利用图表、图像降低难度;当任务难度过低时,可以添加其他学习内容或设计更多具有思维挑战和判断性的任务。

学生实施任务可以采取的形式有多种,如结对子或小组自由组合的形式,也可以由教师设计由许多小任务构成的任务链。其中,小组活动是比较常见的活动方式。在进行小组活动时,要有明确的个人任务与小组任务,要对学生和教师的角色进行适当的转换。当然,教师要对小组活动进行适当而明确的指导,并参与学生的小组活动。这样教师可以及时地对学生实施任务的情况进行监督、指导,并根据具体的情况,随时对教学策略实施调整。

3. 任务后阶段

任务后阶段主要涉及任务的汇报和评价。学生在完成任务后,可以派出代表向全班报告任务完成情况,教师可以指定代表或者由小组成员推选。代表既可以由教师指定,也可以由小组推选，两种方式各有优点。当学生汇报任务时，教师应该给予他们一定的指导和适当的帮助，力求学生的汇报准确、自然。

在各个小组任务汇报完毕后，教师应当与全班一起对任务做出评价，指出各组的优点和不足，并评出最佳小组，让学生在完成任务之后，品尝到成功的喜悦，同时对自己的不足有所认识。在评价过程中，教师不仅要对评价的结果进行评价，还要引导学生如何正确、理智地评价自己和他人，帮助学生形成评价的良好思维方式。任务后阶段的意义在于它为学生提供了一个再做任务的机会，促进学生反思任务完成的过程并进一步关注语言的形式。

第二节　英语教学的基本策略

一、组织策略

（一）什么是组织策略

所谓“组织”，就是将教学活动中的各个要素进行联系和安排，而英语教学中的组织策略是教师通过整合新旧知识之间的联系，从而形成新的知识框架。可见，组织策略主要是针对课堂教学而言的。课堂教学是教学的主要形式，是现代学校教学工作的核心，也是提高学校教学质量的关键。良好的课堂组织有助于提高教学的质量，创设和谐的教学氛围。

教师是课堂教学的主导，没有教师的有效组织，任何教学活动也无法起到良好的效果。因此，教师应该掌握一定的方式和技巧，有效地处理课堂问题，合理地安排教学活动，从而保证教学活动正常进行。

(二)组织策略的组成要素

课堂组织主要依靠教师对教学任务的理解,即教师的态度、意图以及组织技巧。课堂组织主要是由决策和行动这两个部分构成的。

1.组织决策

所谓决策,是指教师通过对英语教学的预测与分析,确定教学方案和措施,从而达成教学任务的过程。

(1)组织决策的特点

组织决策主要有以下四个明显的特点。

首先,组织决策具有生成性,即英语教师需要合理地制订教学任务和教学内容。

其次,组织决策具有预测性,即教师运用自身的逻辑推理能力预测到教学过程中可能发生的各种问题。

再次,组织决策具有协调性,即教师需要最大限度的协调好各个要素之间的关系,尤其是师生之间的关系。

最后,组织决策具有过程性,整个教学活动需要经历计划、准备、实施三个阶段,而组织决策贯穿于其中。

(2)组织决策的意义

①组织决策有助于教师唤醒自身的组织决策意识,从而进一步认识教学的本质。随着当代英语教学改革的推进,教师的组织决策意识逐渐淡薄,在教学过程中墨守成规,因此必须要推进教师的组织决策,才能提高教师教学质量,从而促进学生的全面发展。

②组织决策有助于教师的专业水平的发展。教师的知识和教师的组织决策是相辅相成的。教师在教学过程中会根据自己的知识结构和知识水平做出一系列的决策,而教师对教师决策的制定与反思,必然会推进教师对自己的决策进行调整,从而进一步促进教师自身的知识水平。

③组织决策有助于提高教学的有效性。组织决策的制定与确立对教师的工作质量起至关重要的作用,而教师的工作质量又决定教学的有效性,因此教师的组织决策必然会影响教学的有效性。

2.组织行动

所谓组织行动,是指教师在组织决策的基础上表现出来的实践活动方式,简单来说就是这些决策的实际操作。教学的组织行动来源于教学并且为教学服务。教师将教学中的各种问题进行总结与分析,然后付诸行动,从而有效地推进教学研究。

组织行动对英语教学有重要的作用,可以从以下几个特征表现出来。一是组织行动的目标是改进教学工作,提高教学质量,因为组织行动主要是为了解决教学中出现的实际问题,从而有利于教师改进教学内容和教学形式。二是组织行动强调教师主动参与研究,这是由教学的不可控制性决定的。三是组织行动注重多方进行合作,无论是师生之间还是教师之间,通过不同角度地审视教学过程提出合理的解决方案。

教师是组织行动的主体,因此教师需要对既定的教学计划、成果、目标等加以吸纳和利用,主要方法有四种。

①通过录像、录音等方式对课堂教学情况进行观察和记录。

②对教学的问题、学生的态度进行问卷调查。

③以教学日志的形式记录教学中的所见、所闻、所感。

④研究个别情况,普遍性和特殊性共存。

(三)组织策略的主要步骤

课堂教学是学习效率最高的地方,与课外活动相比较,具有明确的目的性。课堂教学组织策略主要包括组织设计、组织实施、组织素质以及组织方法。

1.组织设计

在整个英语教学过程中,教师要严密地组织好整个教学的流程，这样才能使师生之间配合默契，教学内容衔接流畅，保证教学活动顺利开展。

2. 组织实施

组织实施是教师将设计好的教学程序运用到教学活动中。可见，组织实施是对组织设计的校验过程，从整个教学的过程中可以检验出教师的设计是否能够在课堂上展现得淋漓尽致，师生之间是否可以自然衔接和合理过渡，教学任务是否能顺利完成。

3. 组织素质

成功的英语教学需要教师具备各方面的素质，并能综合、创造性地在英语课堂发挥和表现出来。

首先，教师应该具备驾驭课堂的素质，在教学活动中能够收放自如，“放”就是要求教师能够调动学生的积极性，“收”则要求教师能够集中学生的注意力。

其次，教学过程应该是静态和动态的结合体，就是说教师在静态教学的基础上运用一些动态的效果，如目光、举止等。

再次，教材是教学的载体，教师必须能够驾驭住教材，根据教材的内容和学生的学习状况进行教学设计以及教学实施。教师对教材的驾驭可以帮助教师组织实施教学，进而推进教学成果。

最后，教师本身需要具备熟练的操作技能，从而对学生进行指导操作。

4. 组织方法

在课堂组织教学中，教师需要掌握基本的组织方法。

(1)课堂教学活动复杂多变，教师应该掌握多种语言表达方式，并能熟练地在各种表达方式之间实行转换。

(2)教师要严格要求自己，提高自身的形象气质，从情感上强化自身的影响力以及感召力。

(3)合理分配学生及任务，弥补教师不能兼顾到每个学生的不足。

(4)根据教材内容,进行情境创设,通过模拟情境,使学生可以亲身感受人物的内心活动,加深对课文人物的理解。

(5)实行“系统提问三段式”教学法,通过问答的形式,发挥教师和学生共同的主体地位。这样不仅可以调动学生的积极性,也促使教师由“教学”向“导学”方向转变,从而将师生的活动与作用融为一体。

二、管理策略

(一)什么是管理策略

何为教学管理?中外学者根据自己的立场,提出了各种不同的观点。

约翰逊(L. V. Johnson)等人认为课堂管理是“通过建立和维持班级团体,以达成教育目标”①。

埃默(E. T. Emmer)认为,课堂管理是“一个促进学生和教师共同协作的过程,主要包括学习指导、课堂环境创设、课堂秩序维持、学生问题处理以及学生责任感培养等”②。

古德(T. L. Good)等人认为,课堂管理是“确保有效的学习环境的过程”③。

这是国外学者的看法,主要集中在教学目标和教学秩序上,但是国内的学者侧重点有所不同。

台湾学者李祖寿认为,课堂管理是安排教学环境,在教师的指导下,学生有效利用学习时间,从事学习任务④。

---

① L. V. Johnson. *Classroom Management*[M]. New York:Macmillan,1970:3.

② E. T. Emmer. *Classroom Management*[M]. Oxford:Pergamon,1987:437.

③ M. McCaslin & T. L. Good. Compliant Cognition:The Misalliance of Management and Instruction Goals in School Reform[J]. *Educational Research*,1992(21):4-7.

④ 李祖寿. 教学原理与技法[M]. 台中:大洋出版社,1979:169.

台湾学者吴清山等认为,课堂管理是教师运用恰当的方式和过程,使班级各个因素成为一个有机体,运用互动的方式使教学在愉悦的氛围中行进行[1]。

国内的学者对教学管理策略的研究主要集中在教学目标、教学方式、教学过程上。国内外的观点可谓是见仁见智,但是对管理内涵的描述上极其相似。综上所述,可以将管理策略归纳为以下几点。

(1)课堂管理实际是过程和结果的统一体,即运用各种策略达成教学目标。

(2)课堂管理的目标是教师在遵循基本原则的基础之上,通过营造良好的教学环境,促进学生的发展。

(3)课堂教学的范围包含了教学中的各个要素,而且也涉及了各个要素之间的关系。

(4)教学方式一定要遵循教育的规律,即一切从实际出发。

(二)管理策略类型的划分

课堂教学管理策略表现在教师的课堂教学活动中,是一种特定的行为模式。课堂管理策略从不同的角度可以分为以下几种类型。

1.根据教师的指导方式划分

根据教师的指导方式,可以将课堂管理划分为自主型、民主型以及专制型。

(1)自主型课堂教学管理是依据学生个人的选择和自由,学生自己处理问题、解决问题的一种方式。教师在这种管理方式中扮演着被动的角色,教师布置给学生任务之后,学生自己完成学习的目标、内容、步骤并自己设定好学习时间。同时,教师逐渐减少对学生的监控,逐步相信学生可以自行解决问题。

① 吴清山等.班级经营[M].台北:心理出版社,1990:6.

(2)民主型课堂教学管理是教师在预测出课堂中可能发生的一系列情况的前提下,合理安排学生的活动。教师将教学的目标、步骤等全权交给学生,学生进行讨论与试验,然后向老师汇报情况,教师安排学生进行活动模拟,然后根据学生的表现来客观评价学生的工作。不过,这种教学模式要求教师在设计教学时应该充分考虑学生的能力以及学生的兴趣。

(3)专制型课堂教学管理是指教师控制着学生的行为。教师不参与学生的活动,只是将教学任务分配给学生,然后对其进行表扬或者批评。而且教师往往通过一项规定来控制秩序,这项规定更多的是指向学生的缺点和不足。在专制型管理模式下,教师将课堂教学管理与学生的课堂行为化成等同,强调运用强有力的控制来建立和维持课堂秩序。

2.根据教师对课堂管理的态度划分

态度有积极和消极之分,同样课堂管理也有积极的课堂管理和消极的课堂管理之分。

所谓积极的课堂管理,就是学生愿意学习,通过教师和学生的共同努力从而提高学生的学习效率。在积极的课堂管理中,学生保持着强烈的学习兴趣和积极的学习态度,遵守课堂的秩序,因此教师在教学中也保持积极的态度,着重对学生进行鼓励,以指导者和参与者的身份融入教学中,不仅改善了师生之间的关系,也用集体的力量提高了教学水平。

所谓消极的课堂管理,就是教师为了避免或者消除班级内学生的不良行为,用强制的手段保证教学顺利进行。在消极的课堂中,大多数学生是受家长的强迫来学习的,他们本身不愿意学习,因此表现在课堂上就是特别叛逆,不听教师的指挥,逃避学习的责任。教师对待这种学生只能是监控学生的行为,对于学生的不良习惯立即给予严厉的惩罚,达到以儆效尤的效果。

3.根据对学生问题的处理方式划分

根据教师对学生问题的处理方式,可以将课堂管理分为预防性的课堂管理和干预性的课堂管理。

预防性的课堂管理是教师针对学生将会出现的问题,提前做好预防措施。这实际上属于一种积极的课堂管理方式。

干预性的课堂管理是教师针对学生在课堂上的不良行为采取干预措施。在教学过程中,一些学生干扰了正常的课堂秩序,教师不得不强制控制住局面,否则教学秩序混乱不堪,教学活动无法顺利进行。

(三)管理策略的组成要素

为了维持教学秩序,提高教学效率,教师可以采用时间管理策略和纪律管理策略对教学加以改进。

1.时间管理策略

时间管理策略要求教师有效地利用教学时间,使学生最大限度地参与到学习活动中,从而保证教学的高效率。如何有效地做好时间管理,主要从以下几个方面着手。

(1)合理分配时间。课堂的时间主要包括教学时间、投入时间以及学生学习时间。按照课程表的内容,教师应该将这些时间进行合理的分配。

(2)教师应该激发学生的学习兴趣,让学生主动参与到学习中,提高学生的学习积极性。

(3)教师要保持教学活动的流畅性和紧凑性,让学生总是有事可做,不被轻易打断。

(4)鼓励学生进行自我管理。

2.纪律管理策略

作为有效教学的一种手段,维持课堂纪律已经成为当代教师教学中的一个非常棘手的问题。因为现在的学生对教师的权威态度发生了变化,而且学生的自尊心和自信心也在不断增强,这给教师维持课堂秩序增添了新的难度。

课堂纪律管理包括纪律维持和违纪处理两个方面。对于听话的学生来说，学生本身具有自控能力，教师的一句警告就可以制止学生的不良行为；对于比较叛逆的学生，只有对违纪行为进行处理，这些学生才不会影响到他人。可见，矫正学生的问题不是一件容易的事情，但是教师可以采取一些预防的措施。

(1)从教师自身来说，教师要管理好自己，发挥好表率作用。

(2)从学生角度来说，教师应该借助学生的力量共同维持，让学生之间相互监督。

(3)在教学任务上，教师应该设计一些学生感兴趣的任务，促使学生积极参与。

(4)从学校角度来说，学校应该建立一个完善的教学管理系统。

三、提问策略

(一)提问策略的功能

提问策略作为一种教学行为方式，主要是教师通过提问，在师生共同作用下，运用知识对学生的学习情况进行检查。

提问策略主要具有如下几个方面的作用。

(1)激发学生的学习兴趣，调动学生的积极主动性。

(2)刺激学生的参与意识。

(3)促进学生的思维发展。

(4)有助于教师分析解释疑难问题。

(5)有助于教师检查某些细节性问题。

(6)有助于教师检查学生对问题的理解和掌握情况。

(二)提问策略的类型划分

常见的提问策略主要有提问计划策略、问题设计策略、提问控制策略以及提问评估策略。

1.提问计划策略

所谓提问计划策略，是指教师在备课过程中对提问的准备。该策略能够帮助教师确定提问的目的、提问的内容和问题的组织，并且还可以对学生在回答中可能遇到的问题进行预测，进而准备适当的解答方式。因此，在正式进行课堂提问之前，教师应做好充分的准备工作。

(1)确定提问的目的

开展提问活动之前，首先要确定提问的目的。教师在备课时要明确课堂教学中提问应达到的目标，因为课型不同，教学目标不同，提问目标也就不同。同样，如果提问目标发生了变化，问题的类型也就会有所差别，提问的层次也会发生变化，所采用的技巧也会随之发生改变。

(2)选择提问的内容

课堂时间有限，因此教师提问的内容就要有一定的选择性。提问内容的确定除了考虑问题的难易度外，还要考虑教学目标以及教学内容的侧重点，提高提问的针对性和有效性。

(3)注意问题的组织

在组织问题时，教师要注意以下几个方面的信息。

①所提问题的答案要尽可能丰富，要尽可能地避免提问只需要回答 Yes 或 No 的问题。

②所提问题应具体，且与学生的实际水平大致相符。

③所提问题要有足够的弹性，给学生发挥的空间。

④所提问题中不应包含答案，以免学生丧失积极性。

(4)预测提问出现的问题

在计划问题之前，教师要注意考虑问题的性质，预测学生的回答。例如，是封闭性问题还是开放性问题？希望学生运用自己的语言回答，还是用所学材料中的语言回答？希望从学生那里得到什么样的回答？是定义？是举例？是问题的解决方式还是其他？如果学生回答不正确，该怎么回应？如果学生拒绝回答，如何处理？对于这些问题，教师应尽可能地做出预测，以确保能够应付和解决学生中可能出现的各种问题。

2.问题设计策略

问题设计策略是指教师恰当、有效选择问题的方法和技巧，包括如何对问题进行简化、调节、追问、激发思维和增加挑战性等，使问题清楚易懂，更符合学生的特点，利于培养学生的思维能力。

在问题设计过程中，教师要注意以下几点。

（1）简化。所设计问题的语言应简单、清楚，尽量运用学生所熟悉的词汇。

（2）讲究趣味性。所设计的问题可以不必太拘泥于教材，对教材内容加以灵活处理，设计贴近学生实际生活又与课文相关的问题，以提高学生的兴趣，引发学生积极讨论。

（3）以学生为中心。所设计的问题要以学生为中心，充分发挥学生的主体作用，引导学生发现问题、积极思考，培养学生创造性的思维能力。

（4）由浅入深。所设计的问题可从不同角度出发，由浅入深，由易到难，引导学生从多方面进行思考，同时使学生有机会取得成功。

3.提问控制策略

所谓提问控制策略，是指保证提问过程顺利进行的方法技巧。它控制着教学的内容和进度。教师的提问应面对所有的学生，让所有的学生参与到课堂活动中。由于学生的性格极为不同，教师提问题时也应该根据学生个体差异有所侧重。如果学生不能回答问题，教师要及时了解学生不能回答的原因，并适当地给予学生一定的提示，引导学生寻找问题的答案。此外，教师还要合理控制提问等待时间，让学生有足够的时间进行思考，同时应注意提问的多样性，使学生始终处于积极的状态，对课堂教学保持兴趣。

4.提问评估策略

所谓提问评估策略，是指教师所采用的评价学生回答的方式。提问评估策略可以使提问有效进行。常见的提问评估策略包括表扬、引用、使用身势语等。

(1)鼓励。如果学生的回答不恰当，教师应耐心鼓励学生，帮助学生找出原因，并引导学生得出正确的答案。

(2)表扬。表扬是对学生的表现以及学习能力的肯定，尤其是差生更需要表扬，因为表扬可以增强他们的自信心，进而促使他们不断进步。但是，不同年龄段的学生对表扬的需求也有所不同。随着年龄的增长，学生对得到同学的认可胜过教师的表扬。还有一点需要注意的是，教师对简单的问题不要表扬，否则会适得其反。

(3)引用。引用是指教师陈述答案或总结时引用学生的语言，它是一种间接的表扬，其效果比口头表扬更好。引用会让学生有认可感、成就感，增加学生的自信心，进而促使学生向更高的目标努力。

(4)使用身势语。身势语属于非语言交际，但其表现力十分丰富，并且有着口语无法替代的魅力。如果教师在教学中能够正确地运用身势语，将能有效激发学生的积极性，提升学生的自信心，潜移默化地集中学生的注意力，引导学生积极学习，进而提高学生的学习效率。

四、激励策略

(一)激励策略的功能

激励策略是指能够激发学生学习兴趣，保持学生参与的方式方法。这一策略与动机关系密切，可以说，激励策略的内容主要包括用来控制影响动机的因素、激发学习动机的有效教学方式，如环境、教师的榜样、奖励和惩罚等。

激励策略主要具有如下几个方面的作用。

(1)有助于激发学生的学习热情与参与意识,使学生积极回答问题,积极参与课堂活动,从而提高学习效率。

(3)有助于维持学生的学习热情,保证精力的投入。

(3)有助于学生树立远大的目标,提高英语水平,克服学习中的困难,并在竞争条件下取得好成绩。

(二)激励策略的类型

激励策略可采用多种形式,下面主要介绍预测指导策略与反身参与策略。

1.预测指导策略

预测指导策略主要适用于课文教学。其具体操作过程如下。

(1)教师要将学生分成四到六人的小组。

(2)教师提出问题,然后组织学生讨论。例如,在教某一篇课文之前,教师可以让学生判断几个问题的正误,并鼓励学生发表自己的看法。

(3)学生阅读材料,检验自己的观点是否正确。

(4)教师可组织学生进行第二次讨论,并运用所学材料对预测的论点进行论证。

2.反身参与策略

在课堂提问过程中,通常是一些思维较为活跃的成绩好的学生占据主导地位,那些腼腆的、反应慢的学生则容易被剥夺回答问题的机会。为了改变这一情况,在运用反身参与策略时,教师不采用“举手回答问题”的方式,以便激励所有学生参与到课堂活动中来。其具体操作步骤如下。

(1)教师将每个学生的名字各写在一张卡片上,并将卡片放入一个盒子内。

(2)教师将学生分成以两人为单位的小组。

(3)教师提出问题。

(4)让学生进行思考,时间约15秒,然后让学生在小组内进行讨论,时间约30秒。

(5)教师从盒子中随机抽出一张卡片,请该学生作答。其他学生可以从旁提示,以得出正确答案。

(6)被提问过的学生的卡片放在一边,再次提问时就继续从盒中抽取其他卡片,尽可能使每个学生都有机会回答问题。

(7)大部分观点陈述完毕之后,教师可让其他同学加以补充,此时学生可以主动举手来回答问题。

第三章 跨文化视域与英语教学

跨文化交际是21世纪显著的时代特征，培养和提高学生的跨文化交际能力具有重要的意义。将跨文化交际与英语教学相结合，已成为我国英语教学改革与发展的方向。

第一节 英语教学中的文化差异

在英语教学中，不同文化间的差异现象屡见不鲜，并成为困惑学生的一大难题，为学生的语言学习带来不小的障碍。本节就从语言知识以及民族理念等方面来分析英语教学中的文化差异。

一、语言知识方面的文化差异

(一)词汇的文化差异

各社会有其独特的文化，文化包罗万象，并渗透于社会的各层面。语言也属于一种特殊的文化，是文化的写照和载体。作为语言的重要组成部分，词汇中往往蕴藏着丰富的文化内涵。

1. 情感意义差异

在英汉语言中，有一些词汇虽然字面意义相同，但是有着不同的情感意义，也就是词的褒贬含义不同。例如，英语 peasant 一词具有明显的贬义色彩，指的是社会低下、缺乏教养等一类的人；

peasant 与汉语的"农民"一词字面意义相同，但情感意义不同。汉语中的"农民"指从事农业生产的劳动者，被视为最美的人，具有明显的褒义色彩。所以，汉语中的"农民"一词译为 farmer 更合适。

2. 联想意义差异

无论是英语中还是汉语中，均有很多比喻性词汇，如成语、典故、颜色词、植物词等。这些词生动、形象且具有鲜明的联想意义，被赋予了特定的民族文化特色。

尽管有不少英汉词汇的本体可以相互对应，但是也有一些词汇在另一种语言中具有不同的联想意义，或缺少相对应的联想意义。例如：

beard the **lion** **虎口**拔牙

black **sheep** 害群之**马**

as timid as a **rabbit** 胆小如**鼠**

3. 象征意义差异

受文化差异影响，中西很多词汇在象征意义上也有很大差异，这在数字词、色彩词、动物词、植物词中体现得尤为明显。换言之，在不同语言中，同一概念可能被赋予了不同的象征意义。例如，英语的 red 与汉语的"红"虽然均可以象征喜庆、热烈，但英语中的 red 还可以象征脾气暴躁，如 see red，而汉语中并无这一象征意义。

(二)句子的文化差异

1. 句子主语差异

(1)英语句子主语的类型

英语句子主语根据性质进行划分，可以分为逻辑主语和执行主语。

逻辑主语与非谓语动词在逻辑上有一定的主谓关系，是动作的直接执行者，其常常作为被动句式的主语置于句首，与谓语动词之间存在承受关系。例如：

This novel has been translated into several languages.

Her house is furnished in excellent taste.

此外，逻辑主语也可作为被描述的对象存在于主动句式中，这时句子主要描述主语的特征、性质、状态等。例如：

Jane's being careless caused so much trouble.

He is broad-mined.

The road runs directly north.

执行主语作为行为动作的实施者或执行者往往由有生命的名词或代词来充当，常见于主动句中。例如：

A bee pricks the skin with its sting.

He went to bed immediately when he finished his work.

(2)汉语句子主语的类型

汉语句子中的主语根据主谓关系进行划分，可以分为施事主语、受事主语和中性主语。

施事主语是动作行为的发出者，通常是表示人或物的名词或代词，谓语动词与施事主语的主观意志可以存在紧密的关系，也可以没有关联性。例如：

妈妈批评了我。

同学们要积极参加课外活动。

钱包丢了。

目标暴露了。

狗不停地叫。

受事主语作为动作的承受者常置于句首起强调作用，这时施事主语会紧随其后。例如：

衣服我昨天洗好了。

什么事情我都不想干。

那个电影他看过两遍。

中性主语在句中既不是施事者，也不是受事者，而是被描写、判断和说明的对象。例如：

妹妹十二岁了。

北京是中国的首都。

祖国**疆域**辽阔。

2.句型差异

英语民族重视个性，崇尚自由，注重逻辑分析和论证，在表达时先是主语、行为，后是行为客体和行为标志，重视形式或形态上的一致性，基本的句型结构变现为"主语＋谓语＋宾语＋状语"，各成分之间一旦发生移位，就会产生倒装等非常规的表达。名词、动词、代词等词类的构形变化是进行意义构建或逻辑推理的必要手段。例如，名词或代词在充当句子主语时要发生数、人称、性或格等方面的变化，动词在充当句子谓语时也必须在时态、语态、数、和人称等方面与相关成分保持一致。如果违反了一致性的原则，就会造成逻辑上的混乱。此外，英语中句子结构具有较强的严密性和完整性。以不及物动词和及物动词为例，不及物动词本身就可以表达相对完整的概念，而及物动词动词没有完整的语义，必须搭配宾语才能成为有效的表达。例如，wash一词作为不及物动词时，不搭配任何宾语就可以表达完整的动作意义，如"She washes."一句中，wash一词就隐含了各种与"洗"有关的意义。另外，wash也可作及物动词使用，如"She washes her feet before going to bed."

汉语民族在注重个人感受的同时，讲求平和和谐，表现在语言表达中则是先主体、行为标志，后行为、行为客体。常见的句子结构表现为"主语＋状语＋谓语＋宾语"，但这只是基本的句子构造，汉语的句式远没有英语句式那样严谨。汉语的语法表达手段和句子成分安排相对灵活多变，语义也常常不甚清晰，句子成分之间的移位对句义的表达影响不大。例如，在"生命开始了(Life begins)"和"生命已经开始(Life began)"中，汉语的时间界限不甚明了，而英语中则界限分明，动词的时态变化明显。又如，汉语中的“了”“的”“是”等词往往可以省略，而且省略后更加简洁，符合汉语的表达习惯，而英语中的be，become等词是句子不可缺少的必要成分。例如，“生命是不灭的”一句改为“生命不灭”更符合汉语的行文习惯，而在英语中则必须表达为“Life is imperishable.”如为“Life imperishable”则是错误的。

（三）语篇的文化差异

下面主要从语篇衔接手段与语篇模式两个方面对中西语篇差异展开分析与研究。

1.语篇衔接手段差异

语篇的衔接手段有两种类型：词汇衔接和语法衔接。词汇重述、上义词、下义词、同义词、搭配等属于词汇衔接；照应、替代、省略、连接属于语法衔接。在词汇衔接层面，英汉语言并没有太大的区别，而在语法衔接层面，二者的差异较大，所以这里主要对英汉语法衔接手段差异进行分析。

（1）替代

所谓替代，即将上文中所提到的内容使用其他形式进行代替，这是语篇衔接过程中经常采用的一种手段。在英语段落中，人们经常使用词汇来传达两个句子之间所形成的呼应关系。在英语语言中，替代的形式有很多种，常见的包括如下三种。

其一，名词性替代。

其二，动词性替代。

其三，分句性替代。

在汉语中，人们很少使用替代形式，因而典型的替代形式比较少见。通常，汉语中人们习惯对某一个词或某一些词进行重复，通过重复来实现句子与句子之间的连贯。另外，汉语中还经常使用“的”的结构实现连接。

英汉两种语言在替代方面的区别主要有下面两点。

其一,英语的替代手段比汉语要多。

其二,英语语篇中使用替代的频率明显比汉语要高,对于英语中所使用的替代形式,汉语则多通过重复、省略来实现语篇衔接。

(2)省略

所谓省略,顾名思义,就是将句子、段落、文章中某些可有可无的成分省略不提。在英语语篇中,人们经常通过省略实现语言凝练、简洁的目的。英语语法的结构是十分严谨的,因而不管从形态上而言还是从形式上而言,使用省略这一方式不会引起歧义现象,因而英语语言中使用省略的情况是很多的。而汉语语篇在省略的频率上则要明显低于英语语篇。

另外,英汉语篇对于省略的成分也存在不同表现:英语语篇中不会省略主语,但汉语语篇中除了第一次出现的主语之外,后面出现的主语往往都可以省略。出现这种区别的原因,主要是汉语主语与英语主语相比较而言,具有的控制力、承接力都更加强大。

(3)照应

所谓照应,指的是当无法对语篇中的某一个确定词语进行解释时,可以从这一个单词所指的对象中找到答案,那么就意味着这一语篇中形成了一种照应形式。从本质上而言,照应表达的是一种语义关系。

在汉语语篇中,照应关系也是随处可见的。汉语中不存在关系代词,但英语中关系代词很多,尤其是人称代词。因而,汉语语篇通常会使用人称代词来表达英语语篇中所形成的照应关系。

在英汉语篇中,照应关系的类型是基本相同的,不过二者使用这一形式的频率表现出很大的差异。英语照应中使用人称代词的频率比汉语中要高,这与英语行文通常要求避免重复,而汉语则多用实称有很大的关系。

(4)连接

通过使用连接词、副词、词组等来实现语篇的衔接的手段即为连接。连接不仅有利于读者通过上下文来预测语义，还可以更快速、更准确地理解句子之间的语义联系。英汉语篇在连接方面的差异主要表现为以下两点。

其一，英语连接词具有显性特征，汉语连接词具有隐性特征。

其二，英语的平行结构常用连接词来连接，而汉语中的衔接关系常通过对偶、排比等来实现。

2. 语篇模式差异

(1)英语语篇模式

语篇段落的组织模式也就是段落的框架，即以段落的内容与形式作为基点，对段落进行划分的方法。通常而言，英语语篇的常见模式如下。

其一，叙事模式。这种模式是依据一定的时间顺序对时间发生过程进行记叙的一种语篇模式。它要求对叙事角度予以确定，通常采用第一人称或第二人称，同时要将何时、何地、何事、何人、为何这几个方面的内容交代清楚。

其二，概括—具体模式。概括—具体模式多见于文学著作、社会科学、自然科学语篇中。著名学者麦卡锡(McCarthy)将概括—具体模式的宏观结构划分为以下两种。

概括与陈述→具体陈述 1→具体陈述 2→具体陈述 3→具体陈述 4→……

概括与陈述→具体陈述→更具体陈述→更具体陈述→……→概括与陈述

其三，主张—反主张模式。一般情况下，在主张—反主张模式中，作者先提出一种被广为接受或某些人赞同的主张或观点，并予以澄清，然后提出自己的主张或观点，也就是提出反主张。

其四，问题—解决模式。问题—解决模式的程序是：首先说明情况，然后出现问题，随后做出反应，采取的反应可能解决了问题，也可能没有或没有完全解决，最后对此做出相应评价。[①] 但是，这些基本程序并非固定不变，其顺序一般会随机变动。

其五，匹配比较模式。该模式多见于对两种事物的异同点的比较。

从整体上来看，英语语篇模式主要有以下特点。

第一，语篇模式的展开一般是先综合，再分析，从一般到特殊。

第二，语篇展开分析非常注重理性和形式，结构一般比较严谨，层次清晰，语篇的重心位置以及焦点往往是固定的。

第三，语句之间连接具有显性特征。

(2)汉语语篇模式

英汉语篇中的叙事模式、主张—反主张模式基本相同。而汉语语篇的段落组织模式也有其自身的特点，主要体现为以下两个方面。

其一，汉语语篇段落的重心位置与焦点通常出现在句首，但其位置也不是固定的，较为灵活，有时也可能会出现在段尾。例如：

你将需要时间，懒洋洋地躺在沙滩上，在水中嬉戏。你需要时间来享受这样的时刻：傍晚时分，静静地坐在海港边上，欣赏游艇快速滑过的亮丽风景。以你自己的节奏陶醉在百慕大的美景之中，时不时地停下来与岛上的居民聊天，这才是真正有意义的事情。

在本例中，段落的重心与焦点是“真正有意义的事情”，位于段尾。

其二，汉语语篇的段落组织重心和焦点有时并不直接点明，甚至也可能没有焦点。例如：

坎农山公园是伯明翰主要的公园之一，并已经被授予绿旗称号。它美丽的花圃、湖泊、池塘和千奇百怪的树木则是这个荣誉

---

① 杨丰宁.英汉语言比较与翻译[M].天津：天津大学出版社，2006：202.

的最好证明。在这个公园，您有足够的机会来练习网球、保龄球和高尔夫球；野生动植物爱好者可以沿着里河的人行道和自行车道游览。

二、民族理念方面的文化差异

（一）思维模式差异

思维模式是人们通过推理、分析来对外部世界进行感知。刘宓庆(1999)认为，语言文化主要包括个体及群体的心理取向，思维偏好、价值体系、伦理体系等是其主要范畴。毋庸置疑，中西文化之间的差异是巨大的。之所以会出现这样的状况，在很大程度上源于中西方民族所处的地理条件与历史环境的不同，并由此导致了生产方式、社会结构以及人们的思维模式的差异。

1. 图形式思维与直线式思维

英汉民族在思维方式上具有明显的不同。具体而言，西方人重视某事物或某现象的独立性，往往擅长从细节上来观察与研究事物。中国人十分重视不同事物、现象之间所具有的依赖性、联系性，喜欢从整体上观察与研究某一事物、某一现象。这两种思维模式从科学角度而言，就是一个是分析性思维模式的表现，一个是综合性思维模式的表现。

很多学者都认同这样一个观点，即使用线性的、分析性的形式来形容西方人的思维，认为这种思维主要是受到了古希腊、罗马的传统影响，这就是人们经常提及的“直线式思维”。中国受儒家、道家思想的深刻影响，更加强调整体性的、图形式的思维。用一种更加形象的比喻来形容，西方人的思维形式有明确的起点、终点，非常简单和直观，就像一条直线；而中国人的思维没有明确的起点和终点，就如一个圆，浑然一体。

在西方人的大脑中，思维就如同一个不显露的真理，很多事物在思维的作用下建立着直接或间接的关系，人们往往通过“一”来理解“众”。相反，中国人的思维并未体现明显的真理性，人们习惯通过“众”来理解“一”，一种事物与其他事物之间的关系错综复杂，构成了一个更大的整体。例如，中国人都比较熟知的太极图，图案形成了一种相互交织、周而复始的关系。没有起点，也没有终点，从而体现了中国文化非计量性、非累积性、模糊的特性。

2.整体思维与个体思维

中国古代强调“天人合一”，无论从人心的体验，还是从社会的感悟，无论是对人的认识，还是对自然界的认识，都强调人与自然、主体与客体的统一。这就表明了中国人的整体性思维，他们把整个世界视为一个整体。整体由部分构成，要想对部分有所了解与把握，就必然需要把握整体，从整体看问题，反对孤立的态度。

与中国人相比，西方人主张“天人二分”，即认为人与自然、主观与客观是分离的。这就表明了西方人的个体思维。西方人强调首先应分析部分，然后知整体；分析小的方面，然后知大的方面。

3.形象思维与抽象思维

中国人强调“天人合一”，在这一思想的影响下，中国人善于形象思维，即人们通过与外部世界的客观事物形象产生联系，加之头脑中的固有物象，展开思考与总结。这种思维模式在古代汉字中展现得尤为明显。相比之下，受形而上学思维的影响，西方人习惯抽象思维，即人们以概念作为基础，对事物进行与现实物象相脱离的判断。这一思维模式是抽象的、分析的。受形象思维模式的影响，中国人擅长对概念进行具体表达；受抽象思维模式的影响，西方人擅长对概念进行抽象表达。

（二）价值观念差异

一般来讲，价值观具有稳定性，但是这种稳定性是相对的。

具体来说，如果条件不发生改变，人们对某些事物的评判是相对稳定的。价值观是基于社会、家庭的影响产生的，且经济地位发生改变，价值观也会发生改变。中西民族所持有的价值观显然是不同的，下面就来具体分析这两个民族的价值观念差异。

1. 天人二分观念与天人合一观念

审美主体和审美客体是一对相互对应的美学范畴。要进行审美认识，必须同时存在审美客体和审美主体。审美既是认识活动，也是实践活动。既然认识是客观世界及其规律在人的大脑中的反映，那么审美认识就是审美客体及其规律在审美主体的大脑中的反映。审美认识是通过审美实践活动获得的。

(1)西方人的天人二分审美观念

西方文化的根本是主客二分，将外在世界作为人的对象，主体需要站在自然之外冷静、客观地观察、思考、研究、分析，因而西方人在文化审美上就注重对自然的模仿，将文化的本质看作对自然的一种模仿。西方文化的发源地之一是希腊，其中最突出的文化表现形式是雕刻与叙事诗，二者最能体现西方人的文化成就与审美标准。

雕刻与叙事诗很好地体现了主客二分的审美模式，表现了典型的写实风格。同样，西方人在对大自然的审美中也体现了主客二分的模式。在西方人看来，人对自然的审美一般表现为两种心理：畏惧或征服，所以人对审美的判断结果也只能局限于这两种心理范围内。

(2)中国人的天人合一审美观念

中国传统文化中所提倡的天人合一精神引导着人们在审美模式上倾向于与自然融为一体，审美文化从一开始就强调艺术属于主体本身，反对简单地模仿外物。古代众多哲学家都强调天人合一观，如老子、庄子等，他们提倡在审美中应该张扬人与自然的天性，一切都应该顺其自然，不可人为强制。

儒家的美学观点强调，美学在具有合理性的同时必须合乎社会伦理道德，达到“美”“善”的统一。中国古代的艺术与审美理论另外一个突出的特点就是强调体物感兴，主体的心灵世界与外物相接触，并不是一种单纯的模仿。中国人认为，人不但需要懂得对大自然的欣赏，而且需要将自己融入大自然中，实现人与自然、人与人以及人与自身的和谐，这被认为是旅游审美的最高境界。

2.个人主义观念与集体主义观念

(1)西方人的个人主义观念

与中国的集体主义价值观相反，西方人强调个人主义。因为西方人对于个性、自由非常推崇，强调个人的意志，注重自我实现。但是需要指出的是，个人主义并不意味着个人利益比任何利益都高，而是需要在法定的范围内，因此个人主义也是一种健康的、积极的价值观。不得不说，个人主义有助于个人的创新与进去，但是如果对个人主义过分强调，可能也会影响整个社会的亲和力。

(2)中国人的集体主义观念

中国倡导集体主义价值观。所谓集体主义，指的是国家、集体、社会利益在前，个人利益在后的一种价值观。简单来说，当遇到个人利益与集体利益发生冲突时，人们往往被要求与集体利益保持一致性。虽然这种情况在当代社会有所改变，但是中国人仍旧饱含着强烈的集体归属感。这种集体主义在家庭、工作之中也有强烈的表现，即长幼尊卑、下级服从上级，这与中国“礼”的教化有关。例如，当与陌生的长者打招呼时，往往会称呼“大爷”“大娘”等，当下级与上级打招呼时，往往会加上职位。

3.“过去”时间观与“将来”时间观

除了集体主义观念与个人主义观念的差异，中西方在时间观念上也存在明显的差异。一般来说，中国注重“过去”，而西方注重“将来”。中华民族历史悠久，这也让子子孙孙引以为傲。因此，在中国人眼中，历史是绝对不能忘怀的。在这一思想的影响下，中国人习惯用古代的仁义道德思想来评判身边的事情。现如今，虽然人们开始将更多精力从过去转向未来，但是“过去”的这种价值观仍常驻中国人心中。

与中国的“过去”时间观相比，西方人的个性主义价值观要求他们要不断努力、不断创新，实现自己的物质需求，追求自己的独立。在西方人眼中，时间一去不复返，因此他们不留恋过去，而是面向未来，抓紧时间享受现在的生活。

由于中西时间观念的差异，导致中国人做事往往不紧不慢，而西方人珍惜每时每刻，认为时不我待。例如：

the latest news

the latest discovery of sth.

上例中，都存在 latest 一词，这里不是“最后的”意思，而是“最新的”“最近的”，这样的翻译体现了中西时间观的差异。

4. 竞争观念与和谐观念

价值观的核心是价值，价值观念的不同指的是不同民族所表现的价值在某一个文化体系中的排序。从根本上而言，价值的排序又与利益有着密切的关系，即利益决定着价值的地位。利益与某一个民族中的社会经济模型又有着直接的关系。

(1)西方人的竞争观念

从社会经历的发展历史可以看出，西方社会所表现出的典型特点就是“重商主义”。美国著名学者罗伯逊认为，美国社会的商业文明在 1776 年美国独立时就已经形成。

商业文明十分推崇个人所具有的奋斗精神。在西方社会，“权利、地位、声望、金钱”都不是天生就有的，并不能简单地通过继承遗产或者高贵的血统来获取。个人想要获取财富，实现自己的理想，只有通过自己的努力和奋斗才能实现，才能拥有权力、地位和声望。在这种思想的影响下，逐渐形成了个人主义的精神。

作为社会中的一分子，个人只有通过自己的努力，通过竞争来获取资本以及各种机会，人应该勇于面对和接受各种挑战，将自己放在与他人竞争的同等位置，从而充分激发自身的潜力以及战斗力，通过行动来追求速度、结果、效率。西方人非常推崇达尔文所提出的进化论思想，“物竞天择”是西方人的人生信条之一。

(2)中国人的和谐观念

中国是农业大国，表现出明显的“重农主义”，将农业视为立国之本。在中国传统思想中，十分提倡重农轻商、重本轻末。孟子说：“百亩之田，勿夺其时，数口之家可以无饥矣。”

在中国古代社会，商人往往被人轻视，这是一种普遍现象，当时社会中流传的一个说法是“士、农、工、商”，从这一排序中就可以看出商人的地位，商处于最末。

中国古代社会形成重农思想的根源，主要在于古代人以农耕为主，依据河流而生，通过农业解决温饱问题，长期处于一种自然的经济状态中。因而，逐渐形成了重农主义思想也是顺理成章的。

与个人主义强调的竞争意识相比较而言，重农主义十分注重天时地利人和，提倡合作精神、协调关系。例如，“远亲不如近邻”“家和万事兴”等都是对和睦、和谐的推崇与追求。

5. 注重个人观念与崇尚道德观念

(1)西方人注重个人观念

在西方，早在荷马时代人们就开始对道德展开了思考，到公元前4世纪，古希腊思想家亚里士多德第一个建立了伦理学。之后，伦理学就作为一门重要的学科在西方发展起来。20世纪之后，西方伦理学体系从内容到形式都发生了明显的变化，不过道德问题仍然是这一学科思考和研究的重要问题。

在西方，表示伦理的单词为ethics，这一单词来自希腊语ethos，本意是“本质”“人格”“风俗”“习惯”。公元前4世纪，希腊哲学家亚里士多德创立了研究道德品性的学问，称为伦理学。在亚里士多德看来，德性分为伦理德性和理智德性。前者是由风俗习惯沿袭而来，后者主要是由教导和培养而形成的。伦理既有约定俗成的成分，也有后天习得的成分。但不论如何，亚里士多德都认为行为的正当性在于它是合乎德性的行为，即表达了行为者的品德，行为者应该是有德的人。完美的生活与道德有关，因为道德在根本上牵涉行为和人的德性问题。据此可知，西方伦理学主要是研究风俗习惯所形成的伦理道德。随后，西方伦理学作为哲学的一个分支逐渐发展起来，即道德哲学。这一分支主要研究的是关于对与错、善与恶行为，研究什么是好的生活，如何做个好人以及何为正确的行为和事情。

与中国的伦理学一样，西方的伦理学也有着十分悠久的历史。西方伦理学的思想起始于亚里士多德、苏格拉底，这些哲学家非常重视自然哲学，主要探究万物的根源以及事物的本原，苏格拉底十分重视“人”的问题，认为人应该重视对灵魂的修养以及行为的规范。苏格拉底将西方的哲学从自然引向了生活实践，促使哲学开始沉思生活、伦理、善、恶等。

在苏格拉底看来，勇敢、虔诚、正义、节制等都是人应该具有的美德，这些都是善的。正是一些人缺乏道德信仰，或者有意否定道德信仰，促使哲学家柏拉图开始使用理性的思维方式来思考道德的意义，思考真、善、美的重要性。柏拉图认为人之所以为人的本质就是遵循伦理的规定，正义是生活者的德性，也是真正的政治德性，个人要集正义、智慧、勇敢、责任于一身。

(2)中国人崇尚道德观念

人伦与道德观念一直是贯穿中国社会的传统思想。中国人的人伦，并不是社会学的观念，也不是生物学的观念，而是从道德角度来说的。中国古代就是一个宗法性的社会。所谓宗法性社会，是指以亲属关系为其结构，以亲属关系的原理与准则调节社会的一种社会类型，即宗法社会是这样一种社会，在这个社会中，一切社会关系都以家族为本，宗法关系就是政治关系，政治关系就是宗法关系。因而政治关系以及其他社会关系都需要依照宗法的亲属关系进行调节。所以，中国社会是“伦理本位”的社会。

在“伦理本位”的社会中，主导的原则不是法律而是情义，义务比权利更为重要。因此，法的观念在中国并没有像在西方那样成为政治的主要手段，相反，情义成为中国政治文化的主要因素和约束力。中国是一个有着悠久伦理传统的国家，在中国传统的儒家思想中，伦理始终处于核心地位。自西周开始，中国就形成了伦理思想。西周建立了严密的宗法等级体制，在这一基础上形成了一系列宗法道德规范和伦理思想。到春秋战国时期，伦理思想主要是以儒家为主，“仁义”是儒家伦理思想的核心。

6.重利轻义观念与重义轻利观念

(1)西方人的重利轻义观念

西方海洋文化所孕育出来的社会精神，使得西方人形成了一种以个人为中心的价值取向，个人的生存与发展都依赖于自己，每个人都要对自己的行为负责。家庭与个人的关系只是一种暂时的关系，在家庭中，成员是自由的，淡化个人对家庭的责任与义务，在财产归属上，西方演习的是“同居而异财”的方式，虽然同居，但财产分属十分明确。

西方私有制的延伸导致父子、兄弟、夫妻都有自己的私有财产，夫妻之间的关系是平等的，血缘造成的家庭尊属关系必然被法律关系所取代。在人与人之间的关系上，西方文化强调平等与自由。在很多情况下，当矛盾发展成为激烈的冲突时，人们往往诉诸法律。西方人具有十分强烈的法律意识，法律是调节人与人、人与社会之间冲突的一个有力杠杆，早在古希腊时代人们就提出了“社会契约”的观点。

西方文化讲求人人平等、自由，注重人的人格与尊严，这对造就个人的创造性与开拓性，打造人的整体向上精神，无疑是不可或缺的思想动力。家庭观念淡化，家庭成员的地位平等，这有助于形成平等的人格意识，促进人的内在潜能的开发以及全面成长。不过个体本位也在淡化亲情关系，导致人际关系十分冷漠，人与人缺少必要的交流与沟通。家庭结构松散不利于整个社会的稳定与和谐发展，也不利于形成强大的民族凝聚力。

人与人、人与社会的关系提示了人的本质属性，即社会性，这一规定要求在对个人进行评价时要将人看作社会中的人，将人放入一定的社会关系中进行评价，任何一个人一旦脱离了一定的社会关系，就无所谓个人的能动性与创造性，也就谈不上个人价值，更不可能推动整个人类社会的进步与发展。

(2)中国人的重义轻利观念

中国受儒家文化的深刻影响，形成了重义轻利的观念。在义与利的关系上，儒家学说提倡“义以为上”，要求把群体的利益放置于个人利益之上，突出“义”的普遍性和绝对化，反对唯利是图，力图通过这一观念来解决个人与社会的矛盾，协调个人与群体的关系，避免由于利益的冲突所产的个人与社会的对立，这对维护社会的稳定无疑会起到很大的作用。在这种精神的渗透下，中国历史上确实出现了很多舍生取义的民族英雄，他们为了国家和民族的利益牺牲自己。

在古代中国，人们羞于谈利，甚至将追求个人利益当作一种耻辱，将追求金钱作为一种道德的偏斜。过度鄙视利益，否定对物质的追求，不利于人的全面发展，在某种程度上使民族的进取意识萎缩，造成了一定的负面效应。

以上对中西民族的价值观进行了详细对比，不过随着时代、社会的快速发展以及全球文化的不断融合，不同民族的文化将在这一融合大趋势中谋求新的发展。首先，中西方民族的价值观之间所具有的界限将会越来越模糊，随着世界文化的融合，不同意识形态之间逐渐进行着各种碰撞，文化同样作为一种资本在全世界进行流通。在这一过程中，不同文化之间相互影响、彼此借鉴，文化之间的差异性将会越来越小。其次，在认同与离异中重新建构。不同文化之间首先会表现为认同，即对主流文化的赞同，进而会出现离异现象，即对某一个民族所具有的主流文化进行批判和扬弃。文化的内容是复杂多变的，某一个国家的文化中会拥有值得全社会借鉴和学习的内容，当然也一定会有一些不好的文化现象存在，不同民族和国家之间的文化将会在彼此的借鉴与扬弃中获取深入的融合与发展。

第二节　跨文化视域下英语教学的本质与任务

从跨文化角度来看，英语教学的本质体现在多元文化意识、学生批判性思维的培养两个方面；英语教学的任务则体现在熟悉跨文化英语教学目标、内容，同时构建跨文化英语教学模式、实施英语教学跨文化训练。下面针对跨文化视域下英语教学的本质与任务展开论述。

一、跨文化视域下英语教学的本质

（一）培养多元文化意识

培养多元文化意识是指了解世界文化的多样性，建立多元文化的概念。由于世界构成群体的多元文化特征，不同的文化有其产生和发展的背景，并有其不可替代和不可剥夺的存在理由。基于现代生活的需要，各文化群体间的交流和接触不断深入，对异质文化的尊重和理解是有效避免文化冲突，实现平等交往、成功合作的必要条件。在英语教学中培养学生对不同文化积极理解的态度，有利于学生在文化差异中加深对自身文化的理解，从而使学生能够做到客观有效地把握各自的文化特性，以开放的心态对待世界文化的多样性和多元化。

（二）发展批判性思维

发展批判性思维是指发展学生的批判性思维，促进学生对本国文化的反思。教学中可鼓励学生充分利用多元文化这一优势，去发现隐藏在文化现象之下的预定性假设，进而引导学生在多元文化社会中反思自己的文化形成，确立自己的价值观念、行为方式等，促使个人文化观的形成。多元文化教育也是学校教育的一个组成部分，并与国家的教育目的相一致，多元文化教育在理解和尊重异质文化的过程中，也实现了对自身文化更为深刻的理解和发展。

二、跨文化视域下英语教学的任务

就当前的社会背景来说，我国需要在借鉴国外英语跨文化交际教学的基础上，从自身的经验出发，对如何开展跨文化交际领域下的英语教学提出合理化的任务和目标。具体来说，体现在如下几个方面。

在文化背景上，世界文化是由不同文化群体构成的，各种文化都存在自身的发展背景，也会涉及种族、性别等各个方面的文化问题，因此教师要在英语跨文化交际教学中帮助学生理解这些文化背景。

在本土文化上，跨文化学习给学生重新看待本土文化的基础，因此要求教师在英语跨文化交际教学过程中引导学生对本土文化进行反思，发展学生的批判性思维，提高学生的文化认知高度。

由于中西文化差异的存在，教师在跨文化视域下的英语教学中应该帮助学生尊重和理解中西方文化的差异，避免产生文化冲突。同时，教师还需要引导学生对不同文化进行肯定和接纳，实现不同文化的平等交往，最终推进合作。

在文化价值上，每一个国家、民族都有其独特性，因此教师在展开跨文化交际领域下的英语教学中应该帮助学生了解多种文化，让学生主动发现多种文化中蕴含的共同人性以及多种文化对美好生活的追求，以开放的心态去认识世界和自我，从而发现多元文化的价值。

(一)熟悉跨文化英语教学的目标

英语中用 goals,aims 和 objectives 三个词来表达不同层次的教学目的。goals 是对教学目的的一个总体、抽象的描述。只有对抽象的目标进行具体分析,才能将其转化成可供外语教育工作者教学设计的依据和参考,这些细化了的目标就是教学目的(aims)。与这些目的相伴而生的是衡量达到这些目的的标准(standards)。目的和标准的确定非常重要,因为一方面它是对总体目标的细分,是总体目标实现的衡量标准;另一方面又是对教学具体实施的指导,是确定课堂教学目的(objectives)和教学活动的基础,也是教学评估和测试的基础。这种承上启下的作用决定跨文化英语教学要得到外语教学界的普遍认可,成为一个健全、合理和实用的英语教学法,必须有明确的教学目的和标准。

教学目的和标准的确定基本上属于一种政府行为,一般是由政府教育机构发起,委托数名专家组成项目组进行调查研究,提交报告,最后再由教育部门审定和颁布,并监督实施。教学目的和标准的确定受社会文化和政治经济等客观环境的影响,虽然跨文化英语教学的本质特点适用于任何国家和地区,但是其教学目的和标准以及教学方法在美国和欧洲可能有所不同。同样,在中国的国情下,跨文化英语教学也应该具有自己的特色,不能一味模仿,全盘照搬西方国家的做法。根据我国英语教学的特点,在跨文化视域下英语教学的目的应包括知识层面、能力层面和态度层面。

(二)掌握跨文化英语教学的内容

跨文化英语教学的目的包括知识、能力和态度三个层面,因此教学内容也应该全面考虑学习者这三方面的需要。单纯从教学内容来说,英语教学应该包括以下内容(表 3-1)。

表 3-1 英语教学的内容

英语教学	目的语言教学	语言意识
		语言知识
		语言使用
	目的文化教学	文化意识
		文化知识
		文化交流
	跨文化交际能力	
	其他文化教学	跨文化意识
		跨文化交际能力
		跨文化交际实践
		跨文化研究方法

（资料来源：张红玲，2007）

首先，跨文化英语教学内容由四个模块构成：目的语言、目的文化、其他文化和跨文化交际能力。通过对目的语言和目的文化的学习，学习者能够掌握目的语言知识，并能使用该语言与目的语言群体进行有效交际。其他文化的教学是跨文化英语教学不同于其他以文化为基础的英语教学的特点。如果英语教学完全排除其他文化的内容，势必会造成学习者徘徊于本族文化和目的文化之间，而忽略了其他文化的存在，这不利于培养学习者的跨文化意识。跨文化交际能力的教学包含跨文化意识、跨文化交际能力、跨文化交际实践以及跨文化研究方法的培养。

值得注意的是，这四个方面的教学内容并不是各自独立、互不联系的。实际上，目的语言、目的文化、其他文化和跨文化交际能力等教学内容之间的关系密不可分，相互渗透，也许更为合理的教学内容模式应该如图 3-1 所示。

与常见的线性分布、层次分明的内容分析不同，图 3-1 所展示的是一个饼式的教学内容示意图，各个教学要素分布于一个大圆之中，没有先后主次之分，而且圈外的双箭头表示各个要素之间互通有无，相辅相成，共同构成跨文化英语教学的整体。

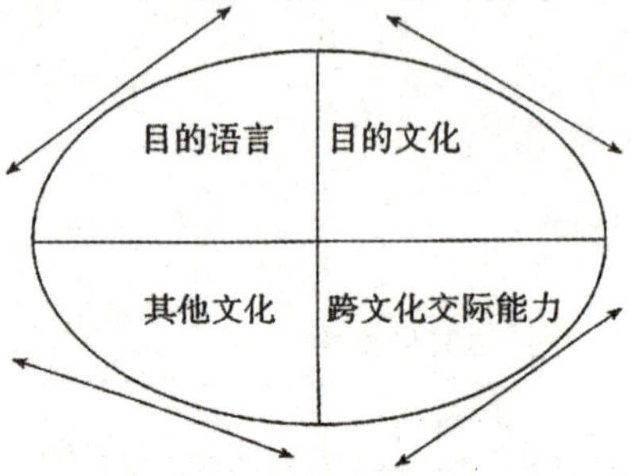

图 3-1 跨文化英语教学模式

（资料来源：张红玲，2007）

（三）构建跨文化英语教学模式

构建跨文化英语教学模式具体指的是构建一种“交际—结构—跨文化”的模式（a communicative, structural and inter-cultural approach to foreign language teaching）。随着英语教学的发展，越来越多的学者开始重视英语的文化内涵，深知在英语教学中进行文化交际素质培养的重要性。在具体的跨文化英语教学中，应该重视以下三个方面的培养。

1. 交际体验

交际体验要使学生掌握一定的交际功能，通过外语进行日常生活的交际。交际能力是人为了不断平衡环境而进行的自我调节机制。通过外语课堂的交际体验能够提升学生的交际能力。交际中交际双方需要一定的语言交际环境为基础，对交际双方的背景有所熟知，以上述因素为根据，发挥自身的交际技能。

我国的英语课堂教学需要营造师生共同交际体验的教学环境，形成一种双向的跨文化传播与交际方式。

2. 结构学习

结构学习以语言技巧的训练为目标，将语言结构作为教学重点，主要利用英语进行教学。语言带有自身的系统性，语言学习和教学应该利用这种系统性，发现学习和教学中的规律，展开结构性学习方式。具体来说，结构学习应该注意以下几个方面。

(1)培养学生英语结构运用能力。

(2)培养学生的词汇选择与创造力。

(3)培养学生组词成句、组句成文的能力。

(4)培养学生在不同语言环境下进行交际的能力。

3.跨文化意识

跨文化意识将了解文化知识作为目标，重视文化习俗的教学，利用外语进行教学。英语文化知识需要学生了解英语国家的历史和文化活动，对相关文学作品进行研读，同时需要了解英语民族的生活习惯与方式，形成学习英语国家文化的兴趣。长此以往，跨文化交际方式下的英语教学就会变成一种文化探索，从而能够提升文化交际学习的乐趣和效果。

“交际—结构—跨文化”的模式指的是在英语教学的全过程都贯穿中西文化的对比与总结，从而培养与提高学生的跨文化交际意识，为日后交际的准确、得体打下良好的基础。

这是一种十分符合中国人的外语学习方式。我国很多学生在英语学习中都是以汉语思维和认知方式进行，这种认知方式不符合英语学习的规律性。心理学认为，事物相异性越大，越能刺激人类的记忆。“交际—结构—跨文化”的模式能够从英语学习的全过程进行认知方面的刺激，在教学的各个阶段都能培养学生的目的语思维模式。

(四)实施英语教学跨文化训练

学者布里施林(Brislin)指出，跨文化训练包括以下几种方式。[①]

① 胡文仲.跨文化交际概论[M].北京：外语教育出版社，1988：193－195.

(1)以提供信息为主的训练,如讲座、演讲等。

(2)以原因分析为主的训练,如重大事件讨论。

(3)以提高文化敏感的训练。

(4)改变认知行为的训练。

(5)体验型训练,如角色扮演。

(6)互动式训练,如跨文化交往。

在具体的跨文化英语教学中,教师可以综合使用上述几种训练方式,从而提高学生的文化敏感度,培养学生的跨文化交际技巧。

综上所述可知,跨文化视域下的英语教学是时代发展对英语教学的要求,也是英语人才培养的必然发展途径,在具体的教学中需要师生共同努力,从而提升教学的有效性,为日后的语言交际打下良好的基础。

第三节　英语教学中构建跨文化交际能力的框架

跨文化交际能力指的是交际者在跨文化语境下进行交际的能力,影响着交际的顺利进行。本节将对英语教学中跨文化交际能力框架的构建进行分析。

一、跨文化交际能力的内涵

跨文化交际能力(intercultural communicative competence)指的是针对跨文化交际过程中出现的关键性问题,如文化差异、文化陌生感、文化内部态度、心理压力等的处理能力。在具体的跨文化交际实践中,跨文化交际能力体现在得体性和有效性方面。

(1)跨文化交际能力的得体性(appropriateness)包括以下几个方面:

符合目的语文化的社会规范；

符合目的语文化的行为模式；

符合目的语文化的价值取向。

(2)跨文化交际能力的有效性(effectiveness)主要指的是能够实现交际目标。

跨文化交际能力具有内在性，可以由交际者有意识地进行知识输入，并利用一定的语言技巧在跨文化交际的行为中得到体现。

二、跨文化交际能力的组成

国内有学者将跨文化交际能力概括为四个部分组成：言语交际能力(verbal communicative competence)、非言语交际能力(nonverbal communicative competence)、跨文化适应能力(competence of cultural adaptation/adjustment)、语言规则和交际规则的转化能力(competence of transformation of two rules)。

(一)言语交际能力

在跨文化交际能力中，言语交际能力是其基础与核心部分，主要包括以下几方面的内容。

(1)语法知识。

(2)语言概念意义和文化内涵意义的了解与运用能力。

(3)语言运用的正确性。

(4)语言运用的得体性。

言语交际能力并不单单指交际者具备扎实的语言知识，还要求交际者能够根据具体的交际语境来使用语言知识。

(二)非言语交际能力

非言语交际能力在交际行为中也有着重要的影响，不仅能够辅助言语交际的进行，对于交际问题与障碍的化解也大有裨益。

具体来说，非言语交际能力指的是言语交际之外的一切交际行为与方式，包括以下几个方面。

(1)体态语，如身体的动作、接触等。

(2)副语言，如非语言的声音、沉默等。

(3)客体语，如服饰、妆容、肤色等。

(4)环境语，如空间信息、领地观念、时间信息、颜色等。

由于跨文化交际的进行，非言语交际的作用越发为人们所了解，因此重视非言语交际，并在交际中运用不同文化背景下的非言语交际方式十分重要。

(三)跨文化适应能力

跨文化适应能力指的是交际双方对对方文化的适应能力。在跨文化交际实践中，跨文化适应能力具体包括以下几种情况。

(1)能够克服文化休克障碍。

(2)能够正确认识和了解跨文化交际对象。

(3)在交际中能够调整自身的行为方式、交际规则。

(4)能够适应新的交际环境，并能在其中展开生活、工作与交际。

(5)能够被新的文化交际环境所接收。

(四)语言规则和交际规则的转化能力

语言规则和交际规则的转化能力也是跨文化交际能力的重要体现。语言规则指的是语言的具体规则体系，如语音、词汇、语法等。交际规则，顾名思义，就是指导交际进行的行为准则。任何交际行为都包括言语交际行为和非言语交际行为准则。在交际中，交际者需要具备扎实的目的语语言规则，同时需要学习母语与目的语转换的方式，从而规范自己的言语表达。针对跨文化交际中的文化问题，需要交际者对比与总结目的语与母语文化在思维、风俗、价值观方面的不同点，从而进行规则的转换，促进交际的顺利进行。

三、跨文化交际能力的培养框架

培养跨文化交际能力是英语教学的重要目标，也是语言教学与文化教学相结合的思想体现。

（一）跨文化交际能力框架的构成

跨文化交际能力框架由知识、能力、态度、素养四部分构成，如表 3-2 所示。

表 3-2　跨文化交际能力框架

<table>
<tr><td rowspan="15">跨文化交际能力</td><td rowspan="6">知识</td><td rowspan="2">文化知识</td><td>深层文化知识</td><td>价值观、道德观、思维方式</td></tr>
<tr><td>表层文化知识</td><td>地理、历史、风俗习惯、禁忌</td></tr>
<tr><td rowspan="2">语言知识</td><td colspan="2">语义知识</td></tr>
<tr><td colspan="2">语用知识</td></tr>
<tr><td>社会知识</td><td colspan="2">政治、经济、法律法规、社交礼仪</td></tr>
<tr><td colspan="3">专业知识</td></tr>
<tr><td rowspan="6">能力</td><td rowspan="3">交际能力</td><td colspan="2">语言交际能力</td></tr>
<tr><td colspan="2">非语言交际能力</td></tr>
<tr><td colspan="2">交际策略</td></tr>
<tr><td>社会能力</td><td colspan="2">适应能力、应变能力、合作能力</td></tr>
<tr><td>学习能力</td><td colspan="2">创新能力、观察能力、判断能力、解决问题的能力、使用现代技术的能力</td></tr>
<tr><td colspan="3">专业能力</td></tr>
<tr><td rowspan="2">态度</td><td>交际态度</td><td colspan="2">尊重、理解、包容、客观公正、态度积极、不卑不亢</td></tr>
<tr><td>个人态度</td><td colspan="2">自尊自爱，心脑开阔、大胆、自信，拥有好奇心、求知欲、敏感性</td></tr>
<tr><td>素养</td><td colspan="3">善良、诚实、谦逊、有涵养，处大大方，拥有健全的人格</td></tr>
</table>

（资料来源：赵芳，2013）

1.知识

在英语教学中,加强对学习者跨文化交际知识的扩充对于提高跨文化交际能力具有重要的意义。跨文化语言知识和能力的学习是进行跨文化交际的基础和前提。只有在交际中使用正确、流畅的语言,才能有效减少文化误解,也有利于在产生误解之后,快速灵活地进行解释说明,以保证交际的正常进行。

其中,文化知识层面包括显性的表层文化和隐形的深层文化;扎实的语言知识功底有助于跨文化交际;社会知识层面包括本国和他国的政治、经济、法律法规、社交礼仪知识,以及一定的社会学、心理学的相关知识;相应的专业知识有助丰富跨文化交际的内容、增进沟通的深度。

2.能力

跨文化交际的能力部分包括交际能力、社会能力、学习能力和专业能力。其中,交际能力层面不仅包括语言交际能力,还包括非语言交际能力和交际策略。

在社会能力层面,交际者应具备快速进入状态、适应新环境的能力;灵活机动、随机应变的能力;正确认识自我,与他人合作的能力。在学习能力层面,交际者应具备创新能力、观察能力、判断能力、解决问题的能力、使用现代技术的能力。交际者还应具备自己专业领域的相关技能。

跨文化交际能力的提高要利用具体的跨文化交际语境,因此在英语教学中,教师要充分利用一切可利用的条件创设真实的跨文化交际语境,使学生在跨文化实践活动中锻炼跨文化交际技能,得体地运用所学知识。

3.态度

跨文化交际能力的态度部分分为两个层面:交际态度和个人态度。交际态度指交际者在跨文化交际中表现出的情绪、情感和状态。个人态度指在个人层面上，交际者应大胆、自信、心胸开阔，幽默、风趣，具有民族自豪感，自尊、自爱，对新事物和他族文化拥有好奇心、兴趣和求知欲，对文化差异有高度敏感性。

4.素养

跨文化交际能力的素养指交际者个人的品质、修养。善良、有同情心、真诚，诚实、谦逊，有涵养，为人处世大方、得体，拥有健全的人格和较好的心理素质，这些素养都间接助推跨文化交际的成功。

(二)跨文化交际能力框架的特点

跨文化交际能力框架具有以下五个特点。

(1)跨文化交际能力包括知识、能力、态度和素养四个层面，强调跨文化交际能力构成的全面性和整体性。

(2)专业知识、专业能力是跨文化交际能力的组成部分。

(3)素养是跨文化交际能力的构成部分，强调素养的重要性。

(4)强调学习能力的重要性。

(5)强调非语言交际能力的重要性。

第四章　跨文化视域下的语言知识教学

语言知识教学主要指词汇、语法教学，是英语教学的重要组成部分。在跨文化背景下，词汇与语法教学也应注重文化知识的讲解，注重培养学生的文化素养，提高学生的跨文化能力。本章就跨文化视域下的语言知识教学展开研究。

第一节　跨文化视域下的英语词汇教学

英语词汇教学作为学生获取词汇知识的主要途径，其重要性不言而喻。本节对跨文化视域下的英语词汇教学进行分析。

一、英语词汇教学的意义

词汇是英语学习的重要内容。20 世纪 70 年代，交际教学法在英语教学中占据主导地位，这使人们开始关注词汇在英语教学中的作用。

刘易斯(Lewis，1993)提出了英语教学的词汇法(lexical approach)，提出将词汇放在语言教学中的中心环节，并指出词汇和语法之间密不可分的联系——“词汇和语言结构是一个从完全自由到完全固定的词汇组合的延续体。也就是说，在词汇和句法之间存在着同时兼有词汇和句法特征的半固定结构，这种半固定结构被称为词汇块(lexical chunks)。”

词块是词汇教学的一项重要内容，除了体现了词汇与句法的关系，还暗示了词汇对其他语言基础知识和语言技能的意义，也就是词汇教学有利于学生更好地理解语言，促进综合语言能力的提高。

英语词汇教学的意义大致体现为以下三个方面。

（一）有利于提高学生语篇理解能力

一般而言，在进行口语交际或是书面语表达中，作者往往通过语篇标示词来表达自己讲话的思路或思路的变化。这些标示词属于预制语块的范畴。例如，在英语教学中，如果听到教师说"Let's start our class, what I would like to do is …"，"Let me start with…"等语块时，学生明白教师的意图是开始课堂教学；如果听到 in a word, to sum up, as a result 等语块时，学生会知道教师要进行总结了。通过学习这些常用交际语块，有利于促进学生的交际能力、理解能力和听力能力的提高。

（二）有利于提高学生口语表达的流利性

鲍林格（Bolinger，1975）认为，语言使用具有很大的重复性，不需要经常按照语法规则进行临时性创造组合。这是因为词汇与特定的情景、搭配结合起来具有更准确的意义，这些词语搭配在学生学习语言的过程中更易于被识记，成为存储于记忆中的预制语块。当学生下次需要相同或类似的语块时，就能直接将其复制出来或稍加改动传输出来，从而提高口语表达的流利程度。

另外，预制语块在一定程度上还可以避免文化差异所引起的语用失误。这是因为这些预制语块是语境和语义的统一体，是约定俗成的表达，使用非常频繁。例如，英语中 thank you 用得很多，而汉语中关系亲密的人之间则几乎不用"谢谢"。即使学生不了解这一差异，如果熟悉英语感谢与答谢的套语，一般也可以做出正确的反应，不会受传统文化中自谦美德的影响而产生语用失误。

(三)有利于提高学生的英语综合能力

词汇是语言的基本材料,也是一切语言活动的基础。因此,英语词汇教学在整个英语语言教学活动中起着十分重要的作用。离开了词汇的系统学习,英语教学活动中的听、说、读、写等基本语言交际活动则不能正常进行。因此,英语词汇教学是英语教学的基础,直接关系到英语教学的成败。

二、文化差异对英语词汇教学的影响

在跨文化交际过程中,文化差异影响词汇含义的现象非常普遍。英汉两种语言中的很多词汇都具有自身的文化内涵。例如,英汉植物、动物、数字、颜色、服饰、自然气象、季节、味觉、政治等方面的词以及俚语、交际语、称谓语、礼貌语、委婉语、敬语、谚语、成语、问候语等方面的词,都体现着不同的文化含义和文化背景。这里主要就英汉词汇意义的文化差异对词汇教学的影响展开分析。

(一)词汇概念意义相同或相似

在英汉两种语言中,存在着联想意义和指示意义相同或相似的情况。基于人们在生活习惯、地理环境很多方面的相似性,不同语言之间存在很多概念意义和内涵意义相同或相似的词汇,如gold(金子),water(水),air(空气)等。这种由于语言差异而导致的词汇概念意义相同或相似的情况十分常见。在跨文化教育过程中,教师可以将这类词汇的联想意义和指示意义的相似之处与区别向学生指出来。

(二)词汇概念意义相同内涵意义不同

由于中西文化背景的差异,英汉两种语言词汇的概念意义相同或相似,然而其却被赋予不同的历史文化内涵。在英语词汇教学过程中，教师除了向学生明确概念意义外，还应注意解释内涵意义，以免学生误用。例如，英语中的 politician 指为牟取个人私利、使用诡计、不择手段的政客，含有贬义色彩；而汉语中则指从政的人，是一个中性词。又如，英语中 petrel 一词有很强的贬义色彩，意为"预示灾难、纠纷，暴力行动即将出现或者幸灾乐祸的人"。而汉语则指"海燕"，并被视为奋勇拼搏、不畏困难的象征。

(三)词汇具有特定的文化内涵

有些词汇只在某一种语言中具有特殊的文化内涵，并带有自己的特定文化和语言下的感情色彩。在汉语语言文化背景下，人们常借用植物来抒发情感，对植物的特定形态和习性产生丰富的联想。例如，成语"胸有成竹"用于表现坚定地决心和信念，同时，"竹"本身也代表崇高、坚定和谦逊的品格和情操。

英语词汇中也经常有一些植物名词具有独特的联想内涵。例如，英国有一种植物 yew(紫杉)常种植于墓园中，因而给人带来一种悲哀的感情色彩。又如，lily 百合花被西方人认为是大自然的恩赐，象征纯洁、高贵、完美无瑕的，而汉语中的百合花只是一种普通的植物名称。

此外，英汉语言中都有一些源于文学作品、神话传说、历史故事的词汇，需要基于特定文化背景的了解才能真正理解其文化内涵。例如，古希腊神话中 Achilles' heel 用来指致命的弱点。又如，Micawber 是英国小说家狄更斯《大卫·科波菲尔》中的人物，用来指没有长远打算，总想着好运气的乐天派。再如，鲁迅小说中的阿 Q 指无聊、无赖没有社会地位的小人物。

此外，由于文化的独特性，还存在另一语言背景下语义空缺的词汇，即"词汇空缺"的现象。这种空缺的词汇也往往会导致另一种文化背景的使用者的费解。例如，传统中国文化中的"风水""阴阳""乾坤""炕"等概念在英语文化中是不存在的。而英语文化中的 Nazi(纳粹)，hippie(嬉皮士)，montage(蒙太奇)等概念虽能用汉语来表达，但大多也只是音译或假借，在汉语中并没有真正对应的词汇。对于这类词汇，教师在英语词汇教学中应注意引导学生了解其产生的原因，并适当地导入这些词的文化内涵与用法。

三、跨文化视域下英语词汇教学的方法

跨文化视域下英语词汇教学可以采取以下方法。

（一）语境法

语境有狭义与广义之分。从狭义的角度上来说，语境就是语言的环境，也就是某个词所处的周围的短语、词或句子等；从广义的角度上来说，语境还涉及具体的交际语境，这可能是语言的，也可能是非语言的，如地点、人物、时间等。①

英语中一词多义的现象十分常见。要正确地判断词的意义，必须考虑特定的语境。由此可以看出，英语词汇的意义在很大程度上是依赖语境的。所以，在英语词汇教学中，教师要引导学生逐渐形成语境观，使学生根据语境对词义进行判断。例如：

heavy air 沉闷的空气

heavy fighting 激烈的战斗

heavy breath 沉重的呼吸

这几组短语中，虽然都有 heavy 一词，但其意义不尽相同。学生只有将这些词置于上下文中才能够进行判定。学生了解了具体的语境作用，就能在之后的自主学习中运用语境知识理解词汇内涵，从而更好地把握与语用词汇。

（二）交际教学法

英国应用语言学家坎德林和威多森（Christopher Candlin & Henry Widdowson）等人于 20 世纪 60 年代末创立了交际教学法

---

① 张维友. 英语词汇学[M]. 北京：外语教学与研究出版社，1998：160-161.

(Communicative Language Teaching)。

交际教学法的核心在于将语言作为一种交际工具来教、来学、来使用,而不是把教会学生一套语法规则和零碎的词语用法作为语言教学的目标。要使学生能用所学的语言与人交流,获取信息,培养并形成交际能力,交际教学法强调以学生为中心,重视语言获得的实践性。

掌握足够多的词汇是交际能力培养的前提。卡纳尔和斯温(Canale & Swain)认为,语言能力的培养是交际能力培养的关键,而词汇则是交际得以进行的语言能力的核心部分之一。只有掌握了充足的词汇量,才能听懂和读懂他人的言语和文章,才能流畅地表达自己的思想与观点。

在英语词汇教学中,教师可以使用交际教学法,通过一定的方式,将各种词汇学习内容转化为各种交际活动。交际教学法要求教师创设生动活泼、直观形象的交际情景,激发学生学习的动机与热情,使学生在具体的情景中进行语言交际。

具体而言,在英语词汇教学中,教师可以采取以下两种方法培养学生的交际能力。

1.创设游戏情景

在英语词汇教学中,游戏既可以创造和谐欢乐的课堂气氛,又能激发学习兴趣,使学生变被动接受词汇为主动学习、应用词汇,同时有利于培养学生的听说能力。例如,在以食物为话题的单词竞猜游戏中,教师可以要求一名学生想出一个与食物有关的单词,并提供一定的提示,如"I'm thinking of something to eat."其他学生则通过问问题来猜测这一单词,如询问"Is it meat, vegetable or fruit?"这时,想出词汇的学生应提供简短的答案,如 fruit,接着由同学根据已得到的线索继续提问,每人均可自由提问,直到正确猜出来为止。

2.创设生活情景

在英语词汇教学中,教师可以根据学生的生活阅历创设一定的生活情景来讲授词汇。具体而言，教师可以一些辅助教学工具布置各种商店，水果店、书店、文具店、蛋糕店、礼品店等，将所学的词汇用于这些生活情景中，通过使用简单的句式进行词汇练习。通过生活情景的练习，学生在学习词汇时会更关注词汇的实际运用，而不仅仅是以单词的记忆为主。

需要指出的是，无论采取何种方式，平等开放的师生关系都是贯彻以学生为中心，发挥学生主体性的前提。课堂上师生之间的关系直接影响整个课堂的交际氛围。教师对待学生的态度，对学生参与教学过程的积极性具有直接影响。平等融洽的师生关系有利于缓解学生的紧张情绪，使学生轻松地参与交际活动，使教学达到事半功倍的效果。

（三）文化融入法

语言与文化密切相关，语言教学实际上也是一种文化教学。同样，词汇教学也会涉及文化。

在英语词汇教学过程中，教师不应单纯地停留在词汇层面，仅就词汇本身对词汇进行讨论，而应将视角放宽，从更宏观的角度来审视词汇教学，能够认清词汇教学的本身其实就是目的语的教学。教授词汇实际上就是教授文化、交际、思考、学习以及语言等。教师可以采用文化融入法，注重词汇的文化背景，从文化层面给予学生有效的引导，使学生更好地掌握词义的内涵以及演变规律。

在英语词汇教学中，教师可采用以下方式进行词汇文化教学。

1. 直接讲解法

直接讲解法是指在英语教学过程中，教师可以根据教材内容有意识地介绍一些文化背景知识以及文化内涵词。直接讲解法也是词汇教学中最常用的一种文化融入法。例如，讲解关于 Myth and Legend（神话与传说）的课文时，教师可以先向学生介绍些古希腊、古罗马神话故事，然后再引入故事中的词汇，如 Trojan horse（特洛伊木马），Achilles' heel（致命的弱点）等。通过文化导入，使学生对相关的文化信息有一个清晰的认识与了解，从而促进学生的词汇学习。

2. 词源分析法

词源分析法特别适用于来自典故的英语词汇。英汉词汇中都有很多词汇来源于典故，因而其文化内涵很难从其字面进行理解，而必须分析其来源，才能帮助学生进行理解、记忆。

无论是中国人还是西方人，在说话、写作时都经常会引用传说、历史、文学中的人物、事件，即引用典故。因此，这类词汇的教学是英语词汇教学中的重要内容。例如，源自《鲁滨逊漂流记》的 man Friday 意思为“得力的助手”；源自小说《汤姆叔叔》的 an Uncle Tom，是指逆来顺受，情愿忍受痛苦、侮辱，在思想和行动上也拒不反抗；源自莎士比亚的戏剧《威尼斯商人》的 Shylock，是指贪婪、追求钱财、残忍、不择手段的守财奴。教师在教授这类来自典故的词汇时首先应该详细地介绍其典故背景，以帮助学生理解词汇的文化内涵。例如：

They have, by this very act, opened a Pandora's Box.

他们的这种做法犹如打开了潘多拉的盒子，造成极大的混乱和不幸。

Pandora's Box 这一典故来源于希腊神话。传说在普罗米修斯偷到天火给人类之后，主神宙斯为此大怒，并因此图谋报复人类。宙斯把潘多拉送给普罗米修斯的兄弟厄庇米修斯，并且交给潘多拉一个盒子，将这个盒子作为结婚礼物送给潘多拉的丈夫。普罗米修斯劝告厄庇米修斯不要娶潘多拉为妻，厄庇米修斯没有听从他的劝告，娶了潘多拉为妻，并打开了她送的盒子。结果，盒子中所装的“罪恶”“疯狂”“疾病”“嫉妒”等祸患一起飞出，只留下“希望”在盒底，人间从此充满了各种灾祸。从此，“潘多拉的盒子”成了“灾祸之根源”的代名词。如果不知道这一典故，就很难理解这句话的意思。因此，教师在教授词汇时有必要分析典故的来源，使学生掌握词汇的文化内涵。

3. 文化比较法

教师在教授存在文化差异的英汉词汇时，可以通过文化内涵的比较来让学生认识英汉词汇所具有的文化内涵的共性与个性。例如，教师在教授 lion 一词时可以先提供与 lion 相关的图片、视频以及文学作品等信息，为学生展现英汉两种语言系统对 lion 的不同理解。通过这种比较，让学生明白 lion 在西方文化中是百兽之王，是威武雄壮的象征，其地位相当于中国的老虎。教师在教授存在文化差异的词汇时，使用文化比较法可以达到事半功倍的教学效果。

4. 案例分析法

案例分析法是指教师在课堂教学中以书面形式把一段由于对词汇的文化内涵缺乏了解而产生冲突的交际过程展现给学生看，并要求学生在仔细阅读案例后对交际冲突的原因、后果进行分析。

教师在听取学生分析的基础上可以从语言与文化、跨文化交际原则等方面进一步阐述造成案例中交际冲突的词汇内涵，从而让学生理解交际过程的来龙去脉，并增强学生的跨文化交际意识。

教师还可以要求学生在课后查阅相关资料，以更好地理解案例中造成交际冲突的词汇的文化内涵，并且要求学生就案例中的以某一个词为代表的一类文化词汇在英汉跨文化交际中所造成的交际冲突写出简明的案例分析报告。这样不仅可以巩固课堂教学内容，还可以督促学生的自主学习，逐渐提高学生的跨文化交际能力。

（四）多媒体辅助教学法

英语词汇教学的目标是以尽可能完备的形式，使词汇信息知识进入学生的长时记忆中，且能随时进行提取，最终达到熟练的程度。多媒体辅助英语词汇教学可以为学生提供更便利的词汇学习条件，也便于学生进行实践训练。

多媒体辅助英语词汇教学可以采取以下方法。

1. 多渠道注入词汇知识

采用多媒体辅助英语词汇教学，教师可以让学生输入足量的语言信息，使学生能使用这些语言信息进行自然的交流。换言之，就是要求教师给学生提供更多真实的语言环境。根据“语义场”的理论，学生可以通过扩大语义网来扩充词汇量。此外，也有很多的网站可供学生学习和练习词汇，也有对词汇进行测试和阅读理解的内容，这都是扩充词汇量的有效途径。

此外，一些学习资料也含有丰富的音频资料，学生可以根据需要下载听取，对自己的词汇知识进行巩固。在线字典可以帮助学生解决遇到的生词，网络搜索引擎可以扩充学生的词汇输入和词汇学习渠道，可以帮助解决词汇学习过程中的语言障碍与文化障碍，使词汇学习顺利进行。

在知识输入的过程中，教师应注意学生对词汇知识的掌握程度，观察学生是否能将所学的词汇与具体事物和概念联系起来，是否掌握了词的上下义关系、语体风格、感情色彩等。这些通过多媒体就可以轻松地实现。例如，在讲授同义词时，教师可以将相关词语的不同点和不同用法运用公式和图表的形式呈现给学生，并通过文本和声音将大量例句输入给学生等。通过这样的方式，有利于学生在短时间获取有效的信息，逐渐积累自身的词汇量。

2. 关注学习过程

教师除了给学生提供充足的网络学习资源和网络教材外，还可以将词汇知识、词汇学习要求、词汇测评等制作成网络课件(HTML 文件)或 PPT 文件，并置于 Web 服务器上。学生根据自己的情况选择自己的学习方法和进度，通过浏览这些网页来完成词汇的学习。

当学生完成某一阶段学习后，即可进入下一个阶段。但是，无论处于哪一阶段，学生均需要自我监控。在学习的过程中，网络多媒体起着鼓励和刺激的作用，其提供的网络空间和丰富资源也极大地增加了学生学习词汇的机会，同时有利于激发学生学习英语的积极性。

3.加强日常监督与多向互动

借助多媒体教授词汇，互动主要体现在师生之间、生生之间、学生与网络之间、学生与教学内容之间的互动。通过 E-mail，BBS 等形式，教师可以与学生保持沟通，便于学生解决学习中的问题，也便于教师及时得到反馈，从而调整教学材料和教学内容。例如，E-mail 具有跨时空、灵活性的特点，为学生提供了一个强化交流和运用的渠道和机会，逐渐提高学生的跨文化交际能力。

第二节　跨文化视域下的英语语法教学

语法是将词汇排列组合成可被理解的、有意义的句子、篇章的规范。没有语法，杂乱无章的词汇就无法被人们所理解。对学生来说，学习、掌握和运用语法知识对于获得语言技能有着重要的作用。本节重点研究跨文化视域下的英语语法教学。

一、英语语法教学的意义

(一)语法教学是英语教学的基础

语法作为组织语言的重要手段，它是英语教学的基础。语法教学的基础作用主要体现在以下两个方面。

(1)英语语法教学的主要内容是要学生掌握英语遣词造句的规则。语法知识的学习对语言学习具有调整功能。英语词汇在构成句子时并不是随意的,只有符合语法规则才能构成正确的句子。学生可以通过自己接触的语言材料,并通过对这些材料的模仿产生很多新的句子,但是这些句子中有很多句子因为学生语言能力的不足而无法正确表达。语法知识可以对这些表达不清楚的句子进行调整,使其符合英语语法规则,成为表意清晰、意义明确的句子。在中国的英语教学环境中,课堂之外的英语实践活动很少,因此英语语法教学就更加重要了。学生在课堂上接触到的英语语法是他们语法学习最重要的途径。

(2)语法教学在英语学习中很重要,它不但影响英语的输出还会影响英语的输入。英语中词汇的输入也要依赖于语法的帮助,同等条件下,语法掌握得好,英语的输入处理就会迅速有效;如果英语语法知识不足,输入就会受到影响。英语中的输入是输出的先决条件,没有有效的输入就无法进行有效的输出。因此,语法教学是英语教学中很重要的一部分。

(二)有利于解决语言学习的“石化现象”

如果一个学习者的学习动机很强,且语言学习能力也很高,他不必经过正规的学习就可以达到很高的语言水平。但是,他却有可能会遇到以下两个问题。

(1)所形成的一些错误的语言习惯纠正起来十分困难。

(2)当到了一定的语言水平后,就难以提高。

这就是语言学习过程中的“石化现象”。开展语法教学可以帮助学生夯实语言基础,有效解决“石化”现象,提高学生对语言知识与现象的分析能力。

(三)使学生的英语听说能力趋向精确化

通过英语语法教学,学生的听力理解和口语表达能够向精确化方向发展,并且能使听力理解和口语表达更加精确。语法是一种重要的语言组织规则，在学生的词汇量有限的情况下，能够帮助学生遵照相应的语法规则创造出无限的句子。从这一点上进行分析，进行语法学习其实还很好地迎合了语法交际任务这一目的。

如果在实际的交际环境下频繁使用没有语法规则可言的句子，容易给交际活动带来负面影响。交际任务应成为语法教学的中心，在具体的交际过程中，应将交际与语法知识有机融合起来，从而使交际顺利进行，提高交际的精确性。

（四）有利于语言综合技能平衡发展

语法教学对学生听、说、读、写、译综合语言技能的提升具有重要的作用。具体而言，学生的语法水平直接制约着英语语言的理解能力和水平，并和五项语言技能的综合发展直接相关。例如，在一些专业知识领域的英语文章中，存在诸多结构复杂的句子，对这些句子的理解往往需要借助于语法知识加以结构分析。又如，如果仅仅简单地积累了大量的词汇，却对词汇的用法以及句子和篇章知识了解得不透彻，那么对语言内容也很难透彻地理解和把握。因而语法教学是语言综合技能提升的保障和基石。

（五）促使学生关注语法现象，促进长远的语言学习

英语语法教学有助于学生关注语法现象，对其长远的语言学习具有促进作用。

这里通过引用一个例子来说明。英语教学专家施密特(Schmidt)意识到语法教学在语言学习中的重要性主要与自己在巴西学习西班牙语的经历有关。刚开始，他报名参加了一个正规的西班牙语学习班，十分注重语法教学。学习结束之后，他的西班牙语能力在巴西旅行的过程中得到了很大的提升。在与巴西人交流的过程中，他开始注意一些语法项目，他发现这些项目正是他在学习班上所学的。他越是注意这些语法项目，就越能更好地掌握这些语法。据此，他认为，习得的前提应是注意。虽然他

在学习班学习的语法知识不能使他把西班牙语说得很流畅，但是这些语法使他注意到这些本来不会注意的语法项目。由此可见，语法教学对长远的语言学习具有促进作用。

二、文化差异对英语语法教学的影响

文化对英语语法教学的影响主要表现在以下几个方面。

（一）母语学习对二语学习的正负迁移作用

在外语教学和学习中，经常有很多人会将母语和外语的特点进行对比，事实上，准确把握两种语言的人文属性的表现形式和具体内涵会对英语的学习很有帮助。如果上升到理论阶段进行分析研究，这主要是针对语言现象和文化现象的相互关联性、部分关联性和互不关联性的分析和探讨。

英汉两种语言既有相同点，也有不同点，母语学习对第二语言学习积极、有益的影响就是语言学习中的正迁移。在第二语言的学习中，如果母语并没有起到支持和促进的作用，反而在某种程度上干扰了第二语言的习得，就是语言学习中的负迁移。如果缺乏对母语和第二语言间差异的了解，用母语的思维模式和结构类推就会产生错误。甚至如果将英语单词放在汉语结构中，会产生大量的汉语式英语。例如：

Jincheng City has 2.2 million population.

晋城市有220万人口。

这是典型的汉语式结构和语序错句。但是，如果掌握两种语言的文化差异，就可以减少错误。

（二）中西文化差异和思维差异引起的语用错误

我国学生的英语学习中，出现频率较高的语法错误有主谓语、数、时态、代词等不一致，句子不连贯、结构不完整、词语搭配错误、词性错误、指代不清、修饰语错位等。这些错误很多是由于对英汉两种语言的文化差异不了解所导致的。

下面结合一些语用错误进行分析。

(1)主语词性错误。例如：

Does happy equal a fun-filled,pain-free life?

幸福就是充满快乐,没有痛苦的生活吗?

可修改为:Does happiness equal a fun-filled,pain-free life?

(2)主谓关系混乱。例如：

We wear clothes are made of cotton.

我们穿的衣服是棉质的。

可修改为:The clothes we wear are made of cotton.

(3)从句缺少主语。例如：

The writing ability,I think she is the best in my class.

写作能力我认为他是我们班最好的。

可修改为:As far as the writing ability is concerned,I think he is the best in my class.

语法错误产生的原因主要是受汉语表达习惯和思维方式的影响。在英语中,有形态变化,汉语中则没有严格意义的形态变化。在英汉互译时,一般需要改变词性,进行词类转换,从而更好地表达原意。同时,汉语中主谓关系往往是表达一个主题与其描述、说明和评论的关系。但在英语中,主谓之间是主动与被动的关系。如果不了解这种差异,用汉语的思维模式去套用英语句式,就会产生错误的句子。

(4)谓语的错误省略。例如：

We three people in the same age.

我们三人同岁。

可修改为:We three are in the same age.

英语中的谓语动词是句子的主轴,是句子必不可少的成分。然而汉语句子中可以没有谓语动词。这样错句的出现就是按汉语思维套用汉语句式造成的。

(5)主谓不一致错误。例如：

Anna with her brother go to school by bike every day.

安娜和她的哥哥每天骑车去上学。

可修改为：Anna and her brother go to school by bike every day.

汉语中的动词重意合，不受主语的人称和数的影响，主语与谓语呈现出一种松散的结构关系，主语不决定谓语的形态。而英语的谓语动词则要和主语保持一致。不少学生受到汉语思维的影响，往往不考虑英语中主语人称和数的一致。

(三)句法和表现方法层面的差异

在英语语法体系中，英汉两种语言的跨文化差异和思维差异不仅在词汇上有所体现，在句法层面与表现方法层面也有体现。

1.句法层面

从句法层面来看，英汉两种语言的文化差异主要体现在用法和形态方面，并呈现出不同的语法特征。

汉语是一种无标记语言，缺少严格的意义形态变化，英语则是一种有标记语言，有着丰富的语言形态变化。英语语言以动词为核心，重分析、轻意合。然而，汉语则不注重形式，句法结构不必完整，重意合，轻分析，以名词为中心，主语经常不与动词发生关系。对这些句法层面差异的对比有利于学生更好地学习与掌握语法知识。

2.表现方法层面

从表现方法层面来看，英汉两种语言也存在着明显的差异，如逻辑抽象与直觉形象、精确性与模糊性、个体分析与整体综合等，通过分析表现手法方面的差异，有利于学生理解中西方思维方式在两种语法上的表现形式。

三、跨文化视域下英语语法教学的方法

跨文化视域下英语语法教学可采用以下方法来开展教学。

(一)语感教学法

对学生英语语感的培养有利于提高其英语语法水平。英语语法就是构成句子的法则,在学习英语时注意积累就会不断提高自己的语法水平。

语感教学法要求教师在教授课程的同时能够将英语中好的句子和语段给学生指出来,让学生背诵记忆。在学习完一篇文章后,教师可以指定几段让学生作为范文进行记忆,学生可以采用背诵或者多人合作角色扮演的方式对语段进行记忆。学生在背诵文章的同时会根据语篇的结构和语法的构成回忆句子,这样的语法教学更加机动灵活。英语语感的培养不仅可以提高句子输出效率,而且还有利于提高学习者的文化内涵理解能力。

人在说话表达观点时不只是传递语言当中的文字信息,还在某种程度上表达自己内心的一种情感诉求。有时话语所传达的字面信息并不能完全传递出说话者想要表达的真正意图,只有了解语言背后潜在的含义才能提高沟通能力。语感的培养就在无形中提高了学生对文化含义的理解和接收能力。

(二)文化比较法

在英语语法教学中,加强英汉文化对比是语法教学的一个有效的方法。

要想学好一门外语,应必须了解其特点;而要想了解其特点,最有效的方法就是将其与母语特点进行比较。任何一种语言都有其文化属性,其主要体现在人文属性的内容及表现形式。有个别语言现象与文化现象是不相关的,但是更多的是或多或少都有关联。英汉语言既有共同点,又有差异。汉语学习对英语学习既

有积极的正迁移作用，又有消极的负迁移作用。如果不了解英汉语言的差异性，用汉语思维、汉语类推等方式学习英语就会产生严重的错误。因此，教师必须保证学生在充分了解英汉语言差异的基础上，充分利用母语的正迁移作用进行教学。这一点对英语语法教学同样适用。

英汉两种语言的基本句型大致相同，只是在句子结构上会有细微差别。在英语语法教学中，教师可以采用文化比较法，对这些差别进行对比分析，使学生了解两种语言的语法特点，并掌握二者的差别。例如：

The economic growth rate has been noticeably affected by the chaotic state of the market.

经济增长的速度受到市场混乱的影响，这是显而易见的。

noticeably 是修饰 affected 的副词。由于英汉句子结构、表达习惯的差异，若将 noticeably 按照英语表达顺序译出，会造成译文的不通顺，因此这里应将其译成一个单独的句子。

另外，教师还要以学生常见的主、谓语用法上的错误来分析中西方文化差异和思维差异。很多学生在日常英语交际和表达中常出现主谓语、数、时态、代词等不一致的情况，句子缺乏完整性和连贯性，词性、词语搭配不当，修饰语错位，指代不明等。

(三)任务型教学法

任务型教学法融合了交际教学法的理论和研究成果，注重学生的主体性，以任务为中心，并根据学生的实际情况设置任务，让学生在完成任务的过程调动学生的学习内驱力，锻炼学生发现问题、解决问题的能力，培养学生的合作意识，发挥学生的潜能。跨文化视域下的英语语法教学中运用任务型教学法，有利于锻炼学生的语法运用能力，促进跨文化交际能力的提高。

具体而言，任务型语法教学可以通过以下步骤开展。

1. 任务前

在实施任务前，首先要进行准备工作，这是确保任务有效进行的基础。在此阶段,教师的主要任务是让学生了解任务的主题以及要达到的目标。教师可通过不同的方式引入主题,如图片展示、组织学生进行讨论等。

此外,教师在这一环节还要预测并解决任务中可能出现的问题,如教师可以提供某些词语或词组,让学生听录音或听课文等。这些准备对帮助学生回忆词语,有效完成第二阶段的活动十分有利。例如,教师可以布置巩固一般将来时用法的任务,组织学生以“My Dream”为题目写一篇文章。

2. 任务中

准备工作结束后,就要着手开始实施任务。任务中可分为三个环节。

第一环节是执行任务,教师可以组织学生以结对子或分小组的形式完成任务。学生可运用所学的知识表达思想,内容可以围绕与主题相关的材料进行。教师可给予学生必要的帮助,但不能干预学生的活动或对学生的错误进行纠正。在这一过程中,教师可引导学生就“My Dream”这一题目进行构思。

第二个环节为策划,学生可以草拟或预演下一环节的书面内容或要说的话。教师可就学生的活动情况提供帮助,学生此时也可向学生提问。

第三个环节是报告,即学生对自己的任务完成情况向教师汇报,针对学生的汇报内容,教师进行点评。

3. 任务后

在任务完成后,应对语言点展开分析和练习,使学生了解语法规则,并通过练习巩固所学内容。这里的分析并不是指语法分析,而是教师根据课文设置一些与语言点相关的任务。

具体来讲,教师可分析学生一般将来时是否存在错误或表达不妥的问题。对于练习,教师可以根据具体教学内容组织学生进行各种练习活动,如朗读词语、完成句子等,从而使学生内化和巩固语法知识。

(四)显性与隐性教学法

在探讨显性教学法和隐性教学法之前,有必要了解显性学习与隐性学习的概念。显性学习受意识控制,需要意识参与并采取一定策略的学习方式,这种学习方式是有选择性的、有目的的。这种教学方法对成人而言比较明显。隐性学习是无明确意识或无法陈述出控制学习者行为规则的具体内容但是却获得了这种规则的学习方法。

近年来,使用显性的方式还是隐性的方式来教授语法也引起许多专家的关注。

埃利斯(Ellis)认为,显性教学是给学生语法规则,然后加以练习。隐性教学是指学习者从所给的例子中归纳语法规则。

威尼茨(Winitz)指出,显性教学是"以正式的陈述来学习语法规则;隐性教学指的是学习者通过接触英语理解语法和句法。

显性语法教学侧重于学习者对语法规则进行有目的的学习来达到准确、高效地使用语言成分的程度,并通过各种方法将学生的注意力转移到语言形式上。在教学实践中,显性语法教学也往往采用演绎的方法,教师在讲解语法规则之后再引导学生做有一定语境的练习,总体上呈现出由总体到具体,由理论到实践的教学步骤。

隐性语法教学侧重于让学生置身于可理解的有意义的语言环境中,并尽可能自然地习得目标语语法。在具体的教学实践中,隐性语法教学多采用归纳的方法,由具体到总体,教师引导学生从大量的语言材料和具体的语言实践中归纳出语言规则。

就文化教学而言,显性文化教学是一种以知识为中心的、独立于外语教学的、比较直接系统的文化教学的方法。这种教学方法省时、高效,并且这些自成体系的、独立于语言教学的文化资料还可以很方便地供学生随时自学。但是,这种显性文化教学也存在着其固有的缺点:容易使学生对异文化形成简单的理解和定性观念，不利于跨文化交际的有效进行。同时，作为学习者，其扮演着被动、接受的角色，不利于其形成文化探究的能力和学习策略。

隐性文化教学法则是一种将外语教学同文化教学有机结合起来的教学方法。这种文化教学的方法具有明显的优势，主要在于在课堂的各种交际活动中为学习者提供感知和认识异文化的机会。其不足之处在于，容易导致学生在语言学习过程中对外国文化的自然习得缺乏系统性。

可见，显性文化教学教学法和隐性文化教学法各有利弊。应将两种语法教学的方法有机结合起来，将跨文化交际能力作为其最终的教学目标，同时综合两种文化教学的优势，兼顾文化知识的传授和跨文化意识和行为能力的培养。也就是在英语语法教学中，应将两者有机结合起来，适当增加显性文化教学的成分，即将语法教学处于显性和隐性的动态平衡中，在不同的学习阶段，针对不同学生的个体特征采用不同的显性和隐性文化教学方式，使学生将语法知识转化为语法能力，为跨文化交际能力的提高奠定基础。

（五）情景教学法

在英语语法教学中，情景教学法具体指的是教师以情景、案例作为载体，对学生的自主探究性学习进行适当的引导，从而提升学生分析和解决实际问题的能力。

具体而言，在英语语法教学中，教师可以通过以下形式来进行情景教学。

1. 问题情景

问题情景具体指的是教师通过提问的方式来激发学生的求知欲和好奇心，让学生通过独立思考来解决问题。以名词性从句这一语法点为例。

教师可以首先给出以下材料。

Suppose you have drunk some magic medicine, and it makes

you sleep for about 600 years. When you wake up, what will be the first thing you want to dog.

学生对此进行讨论，他们输出的句子可能是："What I want to know is whether my parents are alive." "What I want to know is who the president is now."等。学生在受到问题激发之后，便可开始有意识或无意识地学习这一语法现象。

2. 合作情景

合作情景具体指全员参与、差异参与、主动参与的氛围，实行小组教学、集体教学和个别教学的交替融合。创设合作情景要求教师和学生达到情感体验上的和谐。在合作学习过程中，借助于提问、讨论、质疑、求答等方式得出结论，使学生的主体作用得到充分发挥。

（六）多媒体辅助教学法

跨文化视域下的英语语法教学还可以充分利用多媒体的优势，在教学中创造轻松、愉快的气氛，降低学生的学习焦虑，有效调动学生的学习积极性，引导学生积极思考，提高思辨能力与学习效果。

具体而言，多媒体辅助英语语法教学可从以下几个方面入手。

1. 利用课件呈现语法知识点

在英语语法教学中，教师可充分利用网络多媒体课件，将语法知识点、语法句型等呈现给学生，通过生动、形象的输入来帮助学生进行理解与记忆。例如，教师在讲授 listen, watch 等词的一般过去时、正在进行时的过程中，可以将-ed 与-ing 形式运用下划线、不同颜色标注出来，或者可以设置为有声导入，不仅可以集中学生的注意力，还可以引导学生对规律进行总结，实现举一反三。但是，需要注意的是，在讲解诸如 see, think 等的特殊动词时，教师可以使用图标的形式展现出来,让学生记忆。

2.提供真实情景运用语法知识点

语法的学习不仅要掌握语言形式和语言意义,还需要学会使用。网络多媒体环境下,语法学习具备更逼真的环境,有助于帮助学生将掌握的语法知识进行内化,进而创造性地输出。利用网络还可以播放相关片段、图片、对话等,这些都有助于学生对语法知识的运用。例如,教师可以将学生日常生活和学习中正在做的事情拍摄成照片,然后放映出来,学生根据图片理解“正在进行时”这一语法知识点,因为这些都是学生的亲身经历,更容易理解和运用。

3.课后拓展

课堂教学的时间十分有限,很多语法知识仅仅依靠课堂上的短暂教学是很难掌握的,所以教师可进行课后拓展。教师通过 E-mail 形式进行辅导和交流。将课堂内容延伸到课堂外,这不但可以打破时空的限制,还可以缓解课堂的紧张气氛,让学生更轻松地学习语法知识。此外,教师还可以创建讨论组,实现资源共享。在讨论组中,教师可以先上传预先设计好的指导性问题和相关内容,学生可以提前预习,如果有问题可以提出,大家也可以参与讨论。

第五章　跨文化视域下的语言输入技能教学

听力和阅读是两种重要的语言输入技能。听不仅仅是人们交际的重要方式,也是语言学习的重要内容,在英语的几项基本技能中,听的作用和地位十分重要,是其他几项技能提高的基础和保障。阅读是人们日常生活中的一项必不可少的活动,对学生来说,则是其凭借语言体验和思维能力对文本进行感知和理解的一种方式和途径。文化差异对英语听力和阅读都有不可忽视的重要影响。本章就从跨文化视域对这两种技能的教学进行具体探讨。

第一节　跨文化视域下的英语听力教学

一、英语听力教学的意义

(一)听力是学生生活中不可缺少的活动

听力活动是人类生活中重要的感官之一,也是人们日常生活中重要的组成部分。听可以使我们从亲朋好友、陌生人、电视新闻、电影音乐那里获得信息或心灵的慰藉,使我们可以顺利地进行人际交往,达到各自的目的。可见,听力活动是人类生存与发展的必须技能,自然也是学生学习英语必须掌握的技能。

（二）听力学习直接影响学生的口语学习

听与说是相互依存、互为统一的。听力学习对口语学习的影响主要体现在如下几个方面。

(1)没有听，说就无法进行，口语技能也就得不到锻炼与提高。

(2)听是语言输入的一个重要途径，学生很容易将听到的内容内化以后再输出来，这就提高了口语表达的准确性和流畅性。

（三）较高的听力水平能够满足国际交往的需求

在传统的英语教学和学习中，听力均未得到应有的重视，这从听力测试所占比例以及学生重读写、轻听说的现状中就可以看出。然而，随着世界各国联系的日益紧密，国家间的交往越来越频繁，人们在工作、生活中和外国人的交往频率也日益增加，而听作为口头交际的第一个环节，其重要性不言而喻。因此，学好英语听力对推动国际交往，促进交流合作有着重要的意义。

（四）听力学习有利于巩固学生的语言知识

听力学习活动可以有效促进学生所学语言知识的不断内化和巩固，从而利于构建知识体系。听的过程是一项十分复杂的信息处理过程，此过程必然涉及对语言信息的理解和输出。学生通过听力理解活动，既提高了听力水平，还实现了新知识的构建，掌握了语言规则和内容。因此，可以说听力学习的过程就是“学生理解、学习和构建新知识的过程”，听力学习动是“实现学生知识构建的有效手段”。①

（五）听力学习可以提高学生语言运用能力

听力学习活动是促进学生综合语言运用能力的有效途径之

① 任庆梅.英语听力教学[M].北京：外语教学与研究出版社，2011：11.

一。作为语言输入的一种重要方式，听力学习活动既能引导学生对英语语言的声音符号信息进行辨别，又能使学生展开积极思考，对语言信息进行重新组合，更好地理解所学的语言知识，同时提高语言学习效率，最终实现语言运用能力的发展。

二、文化差异对英语听力教学的影响

(一)词汇差异的影响

词汇是语言的基础，也是英语学习的基础，所以词汇对于听力的重要性也是不言而喻的。词汇虽然简单，却蕴含着丰富的文化内涵。听力理解需要听者在短时间内对语言信息进行编码和解码，时间非常有限，而且不容迟缓。由于对西方文化的不了解和受母语思维的影响，中国学生常将母语文化概念直接套用到英语文化上，进而造成文化的负迁移。例如，英语中 drugstore 和 grocery 的含义意思是“药店”和“杂货店”，但实际上又与汉语中的“药店”和“杂货店”不完全相同，因此当很多听力学习者听到下面两个句子时就不知该如何理解：

Please get me a bag of sweets and two bottles of milk when you go to the drugstore.

I bought some aspirin in that grocery store yesterday.

英语中的药店(drugstore)不仅出售药物，还出售饮料、糖果等，而杂货店(grocery)除了出售食品等物品，还出售药物。中国的药店并不出售糖果和牛奶，杂货店也不出售药物。如果对此有所了解，那么也就很容易理解上述句子了。

针对这一情况，在英语听力教学中，教师应有意识地向学生介绍英汉词汇的文化差异，并让学生体会这些差异对听力造成的影响，进而提升学生的听力水平。

(二)交际方式差异的影响

因历史地理、风土人情、政治制度等文化背景的差异，不同的民族具有各自的言语交际方式，如中西方在交往中的问候和对答方面就有着不同的模式。而这些不同的交际模式往往也会影响学生听力的顺利进行。例如，中国人在日常的打招呼中常习惯问对方“你吃饭了吗？”（“Have you eaten your meal?”）如果以这样的方式向英语国家的人打招呼，他们会误以为你要请他们吃饭。英语国家的人们在打招呼时习惯以天气、交通、兴趣爱好等为话题。如果不了解中西方交际方式的差异，习惯性地根据汉语的交际方式来理解西方的交际方式，就可能导致听力理解的失败。

因此，在具体的听力教学中，教师应有意识地向学生介绍一些西方的交际方式，并让学生了解中西交际方式的差异，进而提高学生的听力能力。

（三）价值观差异的影响

因文化背景的不同，英汉价值观念和审美观念表现出很大的不同，如果对英汉价值观念的差异不了解，将会给听力带来很大的负面影响。例如：

Jack：I can't decide whether to take the car to the garage or just to buy a new one.

Mike：If you buy a new car, you'll probably save money in the long run.

如果不了解西方价值观，将很难理解 Mike 所表达的真正含义。在西方国家，买新车并不是很贵，但是修车的费用却非常高，从长远利益来看，买新车要比修车划算。但中国人素来讲究勤俭节约，认为东西坏了修补一下可以继续使用。在了解了这一背景知识后，也就能理解 Mike 的真正含义了。

中西文化价值观念的差异在很多方面都有所体现，如果对其不了解，将严重影响听力的进行。所以，在英语听力教学中，教师应向学生介绍西方的价值观念，并引导学生用英语思维来思考问题。

三、跨文化视域下英语听力教学的方法

(一)微技能教学法

听力微技能的掌握对于学生的听力而言十分重要,所以在听力教学中教师应向学生传授一些听力微技能。

1. 听前预测

所谓听前预测,是指在完成听力任务前先对听力任务中的每个小题的选项进行通读。通读一方面可以预测将要听到的语言信息,另一方面可以提前掌握一些人名、数字等特别信息,这样对于有效完成听力任务十分有力。例如:

A. In the dormitory.　　B. In the classroom.

C. In the restaurant.　　D. In the library.

通过通读以上四个选项可知,听力问题定与场所有关,因此在听的过程中就会将注意力集中在与场所有关的信息上。正如所料,该题目确实与场所有关:

M:I'm exhausted today. I've been here in the classroom all day reading and doing my homework. What about you?

W:Not too bad. But I' m hungry now. Let's go to the restaurant, shall we?

Q:Where does this conversation take place?

听力材料中共出现两个地点,但是提到 restaurant,用的介词是 to,表示方向,可知 C 选项是干扰项,所以可以毫不犹豫地选出正确答案 B。

2. 注意所提问题

弄清楚所提问题在听力训练中也是非常关键的,因为只有听懂了所提问题,才有可能选出正确答案。例如:

W:John,I called you yesterday evening,but you were not in.

M:I went to the cinema with a friend of mine.

Q:Can you tell me where John went?

选项：

A. He went with Linda.　　C. He went last night.

B. He went to the cinema.　　D. He went by car.

在上述听力材料中，所提的问题是 where，只要弄清楚了问题，判断出正确答案也就不难了。正确答案是 B。

3. 有效利用信息

(1)利用文字、图片等视觉信息

很明显，听觉信息是听力理解的主要信息，所以大部分学生的精力都放在了听觉信息上。但是与听力相关的文字、图表等视觉信息也会给学生的听力理解带来很大的帮助。例如，英语电视节目的画面对于内容理解就有很大的帮助。有时候很多英语新闻节目在播报新闻时，屏幕的下方往往会显示新闻内容的关键词，这些关键词对于新闻内容的理解十分有利。所以，在教学的过程中，教师应鼓励学生在听的过程中充分利用各种与听有关的信息。

(2)利用已掌握的知识

在这里，已掌握的知识不仅指一些日常学习的语言知识，还包括一些生活常识、科普知识以及一些英语国家的历史、文化、地理、风土人情等背景知识。学生在听的过程中遇到的很多困难，往往都是因缺乏相应的背景知识而造成的，因此充分利用已有的知识对顺利完成听力有很大的帮助。这就需要学生具备一定的背景知识，并在听的过程中将这些背景知识有效激活。但是背景知识并不是导致听力差的最主要的因素，主要因素还是由于听力能力差。而且，听力材料很少有“隐含”的背景知识，大多都会对学生不熟悉的背景知识做出足够的解释。

4. 留意关键字

对于一段听力材料来讲，要想完全听懂是不太可能，但是这并不表明就不能答题，有时候只听懂了其中的一部分，仍能答对问题，其中关键词的把握十分重要。在听的过程中要留意关键词，抓住了关键词，问题也就解决一大半了。因此，在教学中教师应有意识地培养学生抓关键词的能力。例如：

M：Who dealt last time? I think it's my turn to shuffle.

W：Cut the deck last time，so it must be your deal.

Q：What are these people doing?

选项：

A. Dancing　　B. Sailing a boat

C. Playing cards　　D. Cutting wood

只要把握住了听力材料中的 dealt（发牌），shuffle（洗牌），cut the deck（倒牌），deal（发牌）等关键词，正确答案 C 也就能很容易选出来了。

5. 边听边记录

完全听懂和完全记住所有的听力内容是非常困难的，但是可以借助记笔记有效弥补这一缺陷。所以，教师要引导学生养成边听边记录的习惯，并提醒学生注意以下两个问题。

(1)记笔记要具有选择性。在教学中，教师让学生明白在记录的过程中应具有选择性，所记录的信息应是重要的、容易忘记的信息，如时间、地点、数量等。例如：

Here's a recipe for delicious dumplings, which, you can eat on Chinese New Year. Here's what you do.

Take a cabbage. Chop it into fine pieces. Squeeze the cabbage so as to take away all the juice. Mix the chopped cabbage with minced meat. Then you add salt and vegetable oil. Then you must make the dough. To make this, you mix flour with water. And then you divide the dough up into small pieces. And you roll out each bit with a roller into thin round pieces of dough. Then on each small piece of dough you put a spoonful of the mince. And you wrap it up like a little packet. And then you put it in water and boil it for ten minutes and then you eat it. It's delicious!

在听短文时，可以做如下记录：

dumplings, Chinese New Year, cabbage, chop, squeeze, minced meat, salt, vegetable oil, make dough, mix flour with water, round piece of dough, put a spoonful of mince, wrap it, boil it, ten minutes

上述这些记录可有效加深学生对文章的记忆，在听的过程中遇到与上述记录相关的问题时，便能很容易选出正确答案。

(2)有效运用缩写、符号。有效、合理地运用缩写、符号等，可减少记录的负担。所以，在教学中教师可向学生介绍一些常用的缩写和符号，指导学生应适时地运用缩写与符号等，以提高记录效率。来看下面缩写符号：

should — shd	possible — poss
professor — prof	teacher — teach
doctor — doc	advertisement — ad
bicycle — bike	gymnasium — gym
television — telly	telephone — phone
veterinarian — vet	photograph — photo
laboratory — lab	examination — exam
experience — exp	available — avail
after — aft	excellent — exc
week — wk	modem — mod
transport — trans	

符号：

and — &	dollar — MYM	pound — £
smaller than — <	bigger than — >	because — ∵
so — ∴	change into →	per cent — %

(二)文化导入法

文化与语言紧密相关，因此文化与听力也有着密切的关系，在听力教学中教师应有意识地向学生灌输文化知识，将语言教学与文化教学相融合，提高学生的文化意识，培养学生的听力能力和跨文化交际能力。在具体的听力教学过程中，教师可采用以下方法向学生导入文化知识。

1.通过词汇导入

词汇是语言的基本组成部分，并且蕴含着丰富的文化内涵，所以丰富学生的文化知识，首先可以从词汇着手。而且，掌握大量的词汇也是保证听力顺利进行的基础。这里以“龙”(dragon)为例进行说明。“龙”在中华民族中占据着极高的地位，它是中华民族的标志，是民族精神的象征，代表着吉祥、权利和至高的地位，中国人常以龙的传人自居。但英语中的 dragon 则是罪恶的代表，是一只长有翅膀、口中喷火的大蜥蜴。显然，汉语中的“龙”与英语中的 dragon 字面意思相同，但内涵意义相差甚远。如果不了解词汇的文化内涵，会很容易造成误解。所以，要想真正提高学生的听力能力，就要从词汇抓起，在扩大学生词汇量的同时，加深学生对文化的认知，提高学生的文化意识。

2.通过习语导入

习语是语言的精华，浓缩着丰富的含义，并在人们的生活中发挥着重要的作用。西方人在交际过程中经常会用到习语，如果不了解其文化含义，也就不能理解话语的意思。例如，“I'd like Scotch on the rocks.”如果不了解其内涵，很容易按字面意思将其理解为“我喜欢在岩石上的苏格兰人”。实际上，on the rocks 是一个成语，其含义是“触到暗礁，有灾祸”，其引申义为“穷困、破产”。例如：

Could you lend me fifty dollars?

你能借给我 50 元吗？

I'm sorry that I'm on the rocks myself at the moment.

对不起，目前我本人也穷得要命。

“I’d like Scotch on the rocks.”是美语的一种特殊用法，其含义是：我要威士忌加冰，不要掺水。

所以，在教学过程中，教师可以有意识地向学生输入一些英语习语，以充实学生的文化知识，为学生的听力奠定基础。

3. 通过习俗导入

话语交际会涉及日常生活的各个方面，如称呼、打招呼、感谢、致歉等，所以在英语听力教学中，教师除了让学生了解基本的语言知识、习语文化外，还应引导学生掌握一定的习俗文化。在具体的教学中，教师可设计情境对话，或者让学生进行角色扮演，使学生置身于英语环境中，让学生接触地道的英语，进入培养学生的英语听力能力。

4. 通过多媒体导入

现代化教育技术的发展使得多媒体网络设备开始进入英语课堂教学。多媒体集图像、声音于一体，具有形象、直观的特点，能更加有效地传递信息。所以，在英语听力教学过程中，教师还可以通过多媒体网络设备向学生输入英语文化知识。教师可以利用媒体设备，如电影、电视幻灯片等引导学生广泛进行听力练习。此外，网络资源非常丰富，而且具有不受时间和空间限制的特点，教师可以引导学生通过网络接触到更多的地道的听力资源，这不仅能有效地提高学生的听力水平，也能调动学生学习的积极性。

5. 通过课外活动导入

在我国，课堂教学是教授学生语言文化知识、培养学生听力能力的主要途径，但课堂时间毕竟有限，学生很难在有限的时间内全面掌握文化知识和提高听力能力。而课外活动是课堂教学的有效补充，学生可通过课外时间来补充文化知识，锻炼听力技能。具体可采用以下方式来丰富学生的文化知识，提高学生的听力能力。

(1)教师可鼓励学生在课外多阅读一些英语书籍和报刊,使学生通过阅读来感悟英美文化。教师可为学生列出一些能够反映西方文化的书单,要求学生在课外进行阅读,同时书写读书笔记。

(2)教师可有针对性地开展一些选修课与讲座,向学生系统地介绍一些西方文化,同时兼顾听力能力的训练,使学生的听力学习与文化导入相结合。

(三)三段式教学法

20世纪70年代,英国伊林高等教育学院的听力教学法专家玛丽·安德伍德(Mary Underwood)通过研究听力理论和记忆心理规律,将听力教学分为三个阶段,即听前阶段(pre-listening)、听时阶段(while-listening)和听后阶段(post-listening),并且每一阶段都有一个清晰的教学任务。这种听力教学方法受到了国内外的关注,但并未在我国的英语听力教学实践中得到发挥和应用。后来,随着语言学理论、教育学理论的发展,以及英语听力教学地位的提高,三段式教学法逐渐被人们熟知。

1. 听前

听前阶段的主要任务是激活学生头脑中原有的词汇图式及语言背景知识,集中注意力,做好听前准备。

(1)实例、图片导入。在练习一些以真实的对话、新闻、故事等为内容的听力材料时,教师可以搜集与之相关的实例或图片进行课前导入,还可以创设真实的语言场景进行提问。这一活动的目的是帮助学生根据已有经验进行合理预测。[①]

(2)视频、歌曲导入。听力训练开始前播放英文视频或歌曲,能够使课堂气氛更加活跃。同时,英文视频、歌曲也是英语

---

① 王妍莉.三段式教学法在高职英语听力教学中的应用[J].剑南文学,2013(3):336.

文化的重要组成部分，对于提高学生学习英语的热情有很大帮助。

(3)关键词导入。导入听力材料中的关键词，是一种降低听力训练难度的方法。

2. 听时

听时阶段的主要任务是提高学生引出及解决问题的技能。教师应根据学生的英语水平较好地把握听力材料和听力任务的难度，既有挑战性，又不挫伤他们听力训练的积极性。

(1)有针对性地进行听力训练。教师要有针对性地选择与学生英语听力水平相符的听力题型。

(2)指导学生提取关键词句，掌握文章的中心思想。

(3)培养学生的听力技巧，如速记等。

3. 听后

在听后阶段，教师可根据听力材料内容进行拓展练习。例如，角色扮演、对话练习、问题讨论、写作等任务。拓展练习的目的是为了帮助学生回顾听力材料中的语音、语法、词汇、句子表达等，检查及测试听时的记忆情况，更好地完成听力教学任务，实现学生的全面发展。

在英语听力教学中应用三段式教学法，需要注意以下几点内容。

(1)每个阶段的教学活动都要与听力训练具有相关性，同时还要具有多样性和趣味性。

(2)听力技能和听力兴趣的培养是听力教学的主要任务。同时，听力教学活动不能只培养听的技能，还要给学生创造交际的机会。

(3)听力难度要符合学生当前的语言水平，教师可以对听力教材进行一定的修改。

第二节　跨文化视域下的英语阅读教学

一、英语阅读教学的意义

(一)阅读是最便捷的英语教学方式

在过去,多数英语学习者只能以最经济的方式去进行英语学习,多数教学单位也只能以最经济的方式去进行英语教学,而阅读恰好是最经济的学习方式和教学方式。而且与听力和口语比起来,阅读是最方便、最简单易行、最自由、最独立的一种外语学习方式,只要一本书和一本字典,阅读就可以进行。因此,阅读也就自然地成为经济不发达时期英语教学的主要形式。

(二)阅读是最现实、最有效的语言输入和积累形式

在中国,英语教学属于外语教学,因此缺乏目的语的语言环境,尤其缺乏目的语的口语环境。再加上以前的信息技术远远不如现在发达,一些资料也相对匮乏,如英语语音和音像资料的缺乏。其结果就是,对于多数英语学习者来说,通过"听"的途径来达到足够的语言输入根本无法实现。而语言输入是语言学习的基本保证,没有这个基本保证,语言学习便无从谈起。阅读就成了最现实、最有效的语言输入和积累形式,是英语学习的不二选择。

(三)阅读是社会对英语教学的主要需求

改革开放以前,社会对英语的需求主要体现在阅读英文文本资料上,对口语的需求相对来说就不会那么强烈。教育是为满足社会需要而存在的,既然社会对英语的需求主要是阅读,当时的

中国英语教学当然就会以阅读为主。应当说，阅读教学满足了社会对英语的需求，具有十分重要的意义。

随着时代的发展，社会发生了一些新变化，出现了一些新情况。由于我国对外开放、信息技术的迅猛发展、经济持续稳定高速发展等原因，英语语音、音像资料空前丰富，对阅读教学来说是一个有利条件。此外，这些新情况又进一步巩固了阅读在中国英语教学中的地位，不仅从数量和规模上，而且还从质量、层次、样式上对英语阅读提出了更新、更高的要求。因此，中国英语教学应该坚持重视阅读的原则。对于这一点，很多学者都提出了自己的看法。

吴古华认为："从长远来说，大量阅读是扩大词汇量的根本途径——大量阅读易上口的、地道的英语阅读材料或书籍，是提高口语的根本途径之一。"（董亚芬，2003）

李观仪认为："要提高英语水平必须依靠不间断的大量阅读，而阅读又必须做到精泛结合，默读与朗读相结合，有了扎实的读与写的基础，听说跟上是不难的。"（董亚芬，2003）

胡文仲认为："对于初、中级英语学习者，我特别推荐英语简易读物，读的材料要浅易，故事性要强，读的速度尽可能快一些，读得越多越好。这是学好英语屡试不爽的一个好办法。"（董亚芬，2003）

上述这些专家的观点也正好印证了多数英语学习者的常识和经验：阅读对英语学习作用巨大，从某种程度来讲，没有阅读，英语学习寸步难行。阅读量的多少又决定了英语学习的进步幅度，即阅读越多，进步越快，反之，进步则慢。或者可以说，对于多数中国英语学习者来说，阅读是决定英语学习成败的关键。

二、文化差异对英语阅读教学的影响

（一）词语层面的影响

文化因素对阅读理解的影响首先反映在词汇理解的层面上。这是因为，词语是反映文化的一面镜子，一个国家的风俗、历史、政治、观念、经济等都可以在词语中体现出来。也就是说，词语中带有其国家特定的文化信息，并附有其特定的文化内涵。如果要想对这些特定的词汇有一个清晰的理解，单单从字面意义上是很难做到的，必须通过对文化因素的熟知才能实现。如果阅读理解中缺乏该词语的背景知识，就如同不知道某一词语在不同文化中呈现不同的褒贬色彩而闹出笑话一样。例如：

Tom had not a little experience.

解读 1：汤姆没有什么经验。

解读 2：汤姆很有经验。

对于上述例句，一般人会理解为解读 1 的含义。但是其实不然，not a little 的含义是“很多”，如果仅仅从字面意义上进行分析必然会闹出笑话，还会影响后文的理解。

同时，在阅读理解中经常会包含习语、成语、典故等词语。这是因为，这些词语是反映社会与文化的重要组成部分。例如：

The book must be her swan song.

解读 1：这书一定是她的天鹅的歌声。

解读 2：这书是她的辞世之作。

该例中，如果按照字面意思翻译成解读 1，很明显是理解不同的。swan song 来自于一个西方古代传说，即天鹅在临死的时候往往会伴有美妙的歌声。如果对这一文化不了解，就很难理解正确。

可见，习语、成语、典故中附带了很多鲜明的特色，如果缺乏这些文化层面的知识，那必然造成误解，也很难保证阅读理解的正常进行。

（二）句子层面的影响

文化因素对于句子的理解有着更为明显的影响。一般来说，对句子的理解主要是将各种积极因素调动起来，包含上下文、关联词线索、语法线索、修饰语线索等。但是如果不了解文化因素，即使句子中不存在生词，也是很难让人读懂的，更无法理解文章的信息和意义。例如：

The world was my oyster.

解读 1:这个世界是我的牡蛎。

解读 2:整个世界就是我的盘中菜。

在阅读理解中看到这句话,如果解读为 1 就错了。这句话出自《温莎的风流娘们儿》,牡蛎是获得珍珠的海生物,将世界与牡蛎作比,指出对人们来说,世界中充满着机遇,人们在这个世界里可以做任何事情。如果不懂这一层文化内涵,那么必然会闹出笑话。

(三)语篇层面的影响

词语构成句子,句子组成语篇,因此文化因素对于语篇的理解也有着重大影响。由于英汉思维方式不同,其在语篇的结构上也存在明显的差异。汉语语篇往往是螺旋式、高潮式、重结果和内容、自然排列法,而英语语篇恰好是直线式、渐降式、重过程和原因、路标式连接。例如:

句(1):Work is love made visible.

句(2):And if you can't work with love, but only with distaste, it is better that…

句(3):For if you bake bread with indifference, you bake bitter bread that…

句(4):And if you grudge the crushing of the grapes, you…

句(5):And if you sing though as angels, and love not the singing, you…

上述这则语篇包含五句话。其中句(1)是开篇点题,指出"爱是工作的体现"进而下面四句是对其的讲述,运用 and,if 等连接词,将读者引入作者的意图中,使读者达到阅读的目的。

三、跨文化视域下英语阅读教学的方法

(一)策略教学法

学生在阅读前、阅读中和阅读后都会运用到一些阅读策略,

在跨文化视角下，教师在教学过程中也应注意灵活加以传授。

1.阅读前的策略

学生在阅读前的活动主要包括引出主题、提出问题、交代任务等，其目的是在尽可能短的时间内了解文章的相关信息，激活知识背景，尽快进入文章角色。下面是阅读前的几种主要活动。

(1)清除障碍

对于学生而言，词汇可以说是造成其阅读困难的最重要的因素，因此教师在学生阅读前应采用各种形式，如对话、故事、图片等，对学生进行词汇灌输，清除学生的词汇障碍，从而帮助学生顺利阅读。教师还可以在课前指导学生进行预习，并布置一些适当的预习题，这样不仅可以使学生明确预习的目标，做到有的放矢，还可以培养学生学习的积极性，同时能为课堂教学的顺利进行做好心理和知识上的准备。

(2)激活背景

阅读可以理解为读者与作者之间的交互过程，而要想真正理解作者的写作意图和言外之意，就要深刻了解作者所处的时代背景，了解作者的文化背景和实践经历。因此，阅读前的背景激活对学生正确理解文章，顺利进行阅读具有十分重要的意义。背景的激活可以通过多种方式实现。头脑风暴就是一种常用的背景激活方式。例如，可以通过话题呈现方式，让学生单独回答或小组讨论，充分发挥学生的自主性和想象力，激活与话题相关的各种知识。头脑风暴不仅可以用于背景知识的激活，还可以用于词汇表达等方面的储备。自由写作法也是一种有效激活背景知识的方式。例如，教师可以在学生阅读之前让其就阅读话题自由写作5～15分钟，写作的重点放在内容上，不必拘泥于拼写、语法等语言形式的准确。学生在写作时要尽量将脑海中的所想全都表达出来，且不要返回检查。学生写完后可以相互分享，丰富相关知识。需要注意的是，这种方法对学生的语言表达能力要求较高。

(3)以旧引新

一篇文章是由无数的句子组成的，而句子又是由无数的单词通过语法结构构成的。在教学过程中，有时候一个语法会出现在几个单元当中，所以教师就要注意这个特点，并在教授的时候不断地、重复提及这些语法，以增强学生的记忆。在英语学习的过程当中，语法的难度呈递进的趋势，鉴于语法的这一特点，教师在教授新的语法点时，可结合旧的语法知识，通过复习旧的语法知识，引出新的语法知识，实现知识的再现和滚动，从而加深学生的印象，巩固学生的知识。

(4)预测情节

阅读情节的预测对于阅读的顺利完成十分有利。通常来说，题目体现着一篇文章的中心，因此教师可以依据文章的题目引导学生去预测课文的内容。此外，教师还可以向学生提供一些文章关键词，给学生充分的想象空间，引导学生大胆预测课文内容，然后通过阅读来验证自己的预测。对文章情节的预测不仅可以激发学生的好奇心，还可以帮助学生巩固已有的知识，培养良好的逻辑推理能力。

2.阅读中的策略

阅读中的策略是指帮助学生理解文本的策略。概括来说，主要有以下一些。

(1)词义猜测

词义猜测是一种重要的阅读技能，学生在阅读过程中，必然会遇到大量低频生词的情况，而这些生词对理解原文很重要，因此掌握词义猜测策略是很有必要的。培养学生词义猜测技能的方法有很多，如可以对单词的构成或释义进行分析，也可以对有关单词或短语进行替换练习。此外，教师还可以提问学生对相关单词或短语的理解。学生自身也需要付出足够的努力，不仅需要不断地操练，进行大量的实践，还要努力掌握足够的词汇量，并积累足够的学科背景知识等。

(2)跳读

跳读是为了准确定位详细而又明确的信息，在采用这种阅读方法时，通常需要以下几个步骤。

首先，要理解所提出的问题，然后确定解决问题所需要的信息及这种信息的出现形式。

其次，根据问题提供的线索，再回到文中去，明确到哪里去寻找所需的相关信息。

再次，快速搜索，找到所需相关信息，并对其进行加工处理。阅读问题中要求选出时间、地点、人物、做事的方式、事情的起因、结局，可以边读边划下来做记录，以便于查找。对于一些无关紧要的信息，则可以省略不读。

最后，返回到问题中，比较分析问题中的四个选项，确定哪个是最确切的信息。

(3)略读

略读是指快速阅读文章以了解其内容大意的阅读方法。略读是一种选择性的阅读，即只注重文章的大意，对细节和例子则无须多加关注。具体来说，略读时可以有意识地略过一些词语、句子甚至段落。有时只需选读每段的首、尾句，有时则只要指出段落的主题句，抓住阐述主题的主要事实或细节即可，无须逐字逐句阅读。下面是一些常用的略读技巧。

第一，要特别关注文章的题目、小标题、黑体字、斜体字以及画线部分。文章题目往往是内容的宗旨，它能很好地帮助我们预测文章的主旨大意。因此，在阅读时要也应关注文章的题目。而黑体字、斜体字和画线部分则是提醒学生这一部分是很重要的信息。因此，在阅读的过程中也应对这些内容加以关注。

第二，可以着重阅读段落中的首句和末句。段落的首句往往是主题句，而末句常常是结论句。因此，在阅读的过程中应对段落的首句和末句进行重点阅读。

第三，要留心关键词和关联词。关键词可以反映在特定的场景下谈论什么话题，而且关键词大多同文章的主题有关，利用关键词可以推测文章的主题。因此，在阅读的过程中应注意这些关键词。另外，在阅读中还要关注一些关联词。关联词包括很多种，如表原因、递进、顺序、转折的关联词等。通过关联词，可以预测下一段与上一段的关系，由此判断作者的思路和观点。

(4)寻找主题句

文章的主题句常常能反映作者的基本思路和文章中心思想，所以想要理解文章，寻找主题句是关键。在具体的教学中，教师可以向学生说明主题句常见的位置以及不同位置的主题句的特点，然后举例进行说明。主题句的位置通常比较灵活，具体来说有以下几种。

第一，位于段首。作者在写文章通常会先引出一个话题，然后针对这一话题进行详细的阐述，所以主题句设置在段首的可能性最大。主题句置于段首，不仅清晰醒目，也易于被读者把握。

第二，位于段尾。主题句有时位于断尾，不同于位于段首的主题句，位于段位的主题句多是对上文的总结，或是对上文的描述提出的建议。

第三，同时位于段首和段尾。主题句有时候会同时出现在文章的段首与段尾，这种情况在文章中出现得也最多。也就是说，文章主旨在段首和段尾可以同时概括出来，但段尾的主题句并不是段首主题句的重复，多是对文章主题的引申。此外，段首和段尾的主题句在用词和句型结构方面也存在差别。

第四，位于段落中间。有时候主题句也会位于段落的中间，此时主题句之前的段落是主题句的铺垫，目的是引出要叙述的主题，而主题句之后的段落则是对这一主题的进一步阐述。

第五，暗含于段落之间。并不是所有的段落都有主题句，在有些文章中，无论是段首、段中还是段尾，都找不到明显的主题句，尤其是在多段文章中。这类文章的主题句大都融入到了段落当中。阅读这样的文章时，读者需要抓住文章的细节，在头脑中形成初步的印象，进而发挥逻辑概括能力，对文章的主旨大意进行概括总结。

(5)推理判断

有时候所需信息并不能从文章字面意思上看出，此时就需要学生进行推理判断。推理判断要求学生以理解全文为基础，从文章提供的各个信息出发，对文章逐层进行分析，最后准确推断出文章的中心思想。

(6)信息转换

阅读教学中常采用信息转换的方式来辅助教学，以便使学生加深对文章的印象。在阅读教学中常使用的转换方法有表格、图画、加小标题、流程图、条形统计图、地图、树形图等。这样的转化方式可以将文中的形式信息转化为可见信息，把文章中的信息保留在记忆中，从而加深印象。

3. 阅读后的策略

阅读后的阶段是学生对所学知识的巩固和运用阶段，是一个十分重要的环节。在这一阶段，教师应设计一些与课文内容有关的活动，给学生提供能充分发挥其创造力和想象力的机会，让他们自如地表达读后的感受。阅读后的教学方法有以下几种。

(1)复述。复述的前提是学生对阅读材料有了一个大致的了解，并清除了生词障碍。教师可以让学生根据图片和关键词来复述阅读材料的大致内容。

(2)转述。转述针对的是对话性质的语篇。教师可以引导学生使用第三人称将对话性的语篇转述为描述性的语篇。

(3)填空。设计这一活动时，教师可将课文的大致内容写出，然后留一些空白让学生填写，但学生填写的词汇和短语尽量要有所不同。

(4)写作。写作在这里指的是对阅读材料的仿写和续写。教师可以让学生根据一篇阅读材料写文章的摘要。如果阅读材料是一篇叙事性文章，可以让学生展开想象，对文章中的故事进行续写。

(二)文化导入法

文化导入法就是直接在英语阅读教学中向学生传授文化知

识的一种方法，该方法对于提高学生的文化差异意识十分有利。

1. 文化导入的原则

(1)多样化原则

多样化原则要求在英语阅读教学中导入文化时要注意以下两点。

一是导入内容的多样性。导入内容的多样性要求教师所选用的阅读材料应是题材多样的，这样才能满足学生多样化的需求，同时使学生了解不同体裁文章的不同行文特点，进而提高他们阅读的准确性。另外，还要求教师所选用的阅读材料不能局限于一类主题，而应经常变换题材，这样才能增加学生阅读的新鲜感，促使学生积极地学习各种文化知识。

二是导入形式的多样化。导入形式的多样化要求教师要根据教师和学生的实际情况，运用比较、融入、注释、体验等多种方法导入相关文化知识。此外，还要求教师能够运用现代化的教学设备，通过图片、视频、音频等材料来对某一个文化现象进行解释和说明，使学生在真实的环境中掌握语言知识、拓宽学习视野。

(2)关联性原则

在阅读教学中导入文化时，首先要遵循关联性原则。关联性原则指的是教师在英语阅读教学的过程中导入文化知识时，要重点导入那些与材料主题、文章作者、写作背景等相关的文化背景知识。因为这些信息直接影响着学生对语篇的理解，导入这些知识后能有效帮助学生准确、深刻地理解所读材料。

需要注意的是，遵循这一原则并不是毫无控制地大肆介绍背景知识，而是要在不影响材料本身讲授的基础上，导入一定比例的文化背景知识，切不可喧宾夺主。在此前提下，进一步保证所导入的文化背景知识的相关性、基础性和必要性。

2. 文化导入的方法

在开展文化教学时，教师可以采用以下两种方法。

(1)介绍文化差异,激发学生阅读兴趣

众所周知,兴趣是促使学生积极学习的直接内动力,当学生对所学内容感兴趣时,就会将全部精力投入进去,并专心学习。因此,教师可采用适当的方式来激发学生的阅读兴趣和热情,调动学生的积极性,使学生获得文化知识,提高阅读水平。其中,在阅读教学中进行英汉文化差异的介绍和分析,就是一种调动和培养学生学习兴趣的有效方法。

但需要注意,教师在向学生介绍文化知识、比较英汉文化差异时,不应仅局限于课本所提供的材料内容,而应突出课本内容,向学生讲解更多的与课本材料相关的文化知识,使枯燥的课文讲解变得生动活泼,这样才能最大限度地激发学生的学习兴趣,使学生在轻松愉悦的氛围中习得语言知识。

(2)培养学生的文化意识

在具体的学习过程中,学生虽然已经具备了一定的词汇知识,也拥有了一定的阅读能力,但是对于一些阅读材料理解起来仍然非常吃力,而这主要就要是因为文化知识缺失造成的。虽然教师在教学中也灌输一些文化知识,但学生对此不重视,认为文化知识的学习并不是阅读学习的重点。据此,为了切实提高学生的英语阅读水平,提高学生的阅读乐趣,教师有必要培养学生的文化意识。

具体来讲,教师除了在课堂上向学生传授一定的文化知识外,在课下还可以向学生推荐一些英美文学作品。阅读英美文学作品一方面可以帮助学生了解西方文化,接触到支撑表层文化的深层文化;另一方面可以使学生接触到不同的结构或语言知识,从而提高语言技巧。并且,文学作品通常语言形象生动,不乏优美精练的句子,是学生学习和模仿的最好的语言材料,学生在阅读的过程中可以仔细揣摩作品中的选词造句。这样不仅可以培养学生爱好阅读的习惯,还能陶冶学生的情操,使学生了解不同文化的风格,在提高学生阅读能力的同时,还能为他们写作能力的提高打好基础。

（三）交互式任务教学法

交际理论认为，语言存在于交际中，没有交际就没有语言。交际是语言发展变化的动力和目的，是决定语言现象的根本条件。同时，交际能力是最基本的语言能力。根据这些理论，英语阅读教学可以通过让学生完成一项具有挑战性的任务来增加师生、生生以及学生和阅读材料之间的互动，从而调动学生参与的积极性，促使学生积极思考，交流意见，扩展思维，在提高学习兴趣的时候，加深对语篇材料的深入理解，从而产生一种成就感和满足感，最终从总体上提高学生的阅读能力。

交互式任务型阅读教学模式主要从教和学两个方面着手。从教这一角度来看，教学方法与教学内容是教师应考虑的方面；从学这一角度出发，如何满足学生的情感需求和提高学生的学习兴趣是教师应考虑的内容。

1.教学方法

（1）任务的设定

教师在设计课堂教学中的具体任务时，一定要考虑到以下因素：注意从学生的实际情况出发；考虑情景的真实性；考虑学生的学习兴趣；考虑任务的难易程度；做到因材施教。

（2）策略的选择

在这一过程中，教师要引导学生针对不同的阅读目的，要采用不同的阅读策略，要灵活采用分析、归纳、推理、判断等思维方式以达到最佳的阅读效果。如要把握细节信息时，应采用寻读策略；如要寻找问题的具体答案时，就可采用定位策略；如要了解文章大意，即可采用略读策略。

（3）教学手段的选择

在具体的阅读教学过程中，教师可以综合运用传统和现代化多媒体网络教学手段，同时结合课堂讲解和学生的自主学习，开展富有趣味性的教学。

2. 教学内容

教学内容主要是指阅读材料的选择。目前学生课堂上使用的阅读材料能够反映当代社会生活内容的很少，很难做到与时代同步，这就使得阅读内容相对滞后。这就很难激发学生的阅读兴趣和阅读动机，长此以往学生的阅读能力不但不能提升，还会逐渐下降。因此，这就需要教师在让学生学习课本阅读材料的同时，补充能够反映当代社会生活的丰富语言材料，如广告、新闻报道、网络信息等，以保持教学内容的充实性。

3. 情感需求与学习兴趣

情感需求对于阅读教学来讲十分重要，因为当学生的情感需求得到满足时，学生就会产生一种成就感，进而产生学习的动机和兴趣。著名的捷克教育家夸美纽斯(J. A. Comenius)认为，激发学生的兴趣是创造一种欢乐和光明的教学环境的重要途径之一，也是教学得以成功的重要条件。一旦激发了学生的学习兴趣，就能唤起他们的探索精神和求知欲望。[①] 鉴于此，教师要根据教学和学生的实际情况，激发学生的智力因素与非智力因素，促使学生大胆求异，充分想象，表现出最佳的活动状态。

(四)语块教学

语块是语言中频繁出现的语言结构，由多个词组成，它的形式和意义比较固定、没什么变动，运用语境比较确定，在词汇和语法方面能够发挥一定的功能，人们从整体上去记忆、加工、储存和提取它。语块理论认为，语块是英语的基本语言单位。

语块的特点主要表现在以下三个方面。

(1)稳定性，英语自然话语中有80%由各类板块结构组成，变化的灵活性相对较小。

① 王鉴棋，詹元灵. 交互式任务型英语阅读教学法研究[J]. 中山大学学报论丛，2005(4):520.

(2)自主性,不同组块之间是相对独立的。

(3)扩容性,语块具有相对完整的意义,不像单个词语那样孤立,已远远超出了词汇搭配的范围,扩大到句子甚至语篇的领域。

有些学生感到,语法、词汇及阅读技巧的掌握并没有明显提高阅读效率。外语学习者永远无法达到和本族语者同样的水平,因为本族语者的语言知识表现为语块,而不是分析性的语法规则。语言学习者若缺少足够的语块,语言能力就受到局限。在英语阅读教学中运用语块理论,就是既改善输入又提高输出。

以语块形式阅读可以提高阅读速度。从一个方面来看,语块把多个有关联的小组块变成一个大组块,扩大了短时记忆的容量,减少了信息加工的时间,最终提高了阅读速度。从另一个方面来看,在快速浏览标题、首尾段以及各段首句时,有意识地注意语篇中不同功能的语块,也可以提高阅读速度。先浏览全文以对文章大意有一个大致的掌握,然后引导学生学习陌生语块以扫清障碍。学习陌生语块不仅是学习词汇本身,还是学习语法结构和与其语境相关的语用功能。以语块形式阅读的语言,就会以语块形式进行整体理解,所以提高了阅读速度。

第六章 跨文化视域下的语言输出技能教学

口语是人类交流信息和表达思想的重要方式之一，也是学生学习的重要能力。随着社会对英语口语人才需求的加大，英语教学对口语越来越重视。写作能力作为英语综合运用能力的重要体现，其教学在整个教学中也占据着重要地位。因此，本章就对跨文化视域下语言输出技能教学——英语口语和写作教学相关问题进行具体探讨。

第一节 跨文化视域下的英语口语教学

一、英语口语教学的意义

（一）促进语言知识和实践的结合

长期以来，我国的英语教学都采取传统教学模式，导致很多教师和学生认为英语这门语言仅仅是一种知识系统，与个人的语言能力没有多大关系。随后，社会以及科技的发展促进了很多新的教学法的出现，进而使人们认识到任何一门语言的学习其实都要掌握语言的形式与功能，这对于学习者而言的意义是同等重要的。学生在英语课堂上通过学习语音、词汇、语法、句型等英语知识，并不意味着学生就掌握了英语这门语言，因为这些内容都需要经过实践的真实检验，即通过实际的交际才能真正转化为学生的语言能力，特别是口语实践。因此，要想将英语教学理论与英语综合运用能力有机结合起来，就必须强化英语口语的训练，重视英语口语的教学。同时，这也是改变知识与能力脱节现象的有效手段。

（二）符合语言和学习语言的规律

听、说、读、写、译都是语言能力的具体表现形式，可见语言能力是一个综合概念。需要特别说明的是，各项语言能力之间具有相辅相承的关系，相互之间并不是彼此孤立的。换句话说，任何一项能力的欠缺都会对语言的综合运用带来影响。

根据语法翻译法的相关理论，语法分析与翻译理解是英语教学过程中的重要内容甚至唯一内容，语言习惯的养成与口语训练同等重要。近年来，很多现代英语教学法，如交际法、直接法、自觉实践法等都对口语训练给予充分的重视，积极进行口语教学方法的有益探索。

（三）可满足社会对交际型人才的需要

语言和文化的关系十分密切，英语语言也是由英语国家的特有文化所孕育，并反作用于文化。然而，由于中西双方文化特色的差异，它们的进程和发展历史并不在一个节奏上，不同的民族受其文化的影响也就呈现各自不同的习惯和风俗。英语作为我国学生的第二语言，其对文化差异的了解就显得十分重要。尤其在口语表述中，不同文化间的风俗、习惯和原则问题都会给交流带来影响。以英语为母语的外国人注重的不是句型和语法，而是内容。在和外国人进行交谈和沟通时，中国学生会因为对异国文化的缺乏而导致文化侵犯。可见，口语的表达会直接影响交流效果。因此，加强对口语的学习，进一步理解英语国家的风俗习惯，能有效地避免交流障碍和误解。

二、文化差异对英语口语教学的影响

（一）词汇差异的影响

词汇是语言的基础，也是说的基础，学生要想流利地表达一段完整的意思，就要说出完整的句子，而要想恰当地表达完整的句子，就必须准确掌握大量的词汇以及词汇的词义，包括基本含义和文化引申含义。词汇蕴含着丰富的文化内涵，这对口语表达有着至关重要的影响作用。英汉文化差异在词汇上有着鲜明的体现，在大学英语口语教学中，教师应让学生在掌握丰富词汇量的基础上，了解其背后的文化含义，并总结英汉词汇含义所体现出的文化差异，从而培养学生的词汇对比意识，提高其口语表达能力。

（二）思维模式差异的影响

因历史文化背景不同，英汉思维模式有着显著的差异，这对口语表达产生了不小的影响，具体表现如下。

1. 思维模式对口语准确性的影响

口语准确性指的是能够运用语言准确表情达意。受英汉思维模式差异的影响，学生在口语表达过程中常会出现受汉语思维模式影响的“中式英语”，“中式英语”有时所用词语带有明显的汉语翻译色彩，句式也不符合英语表达习惯，这样在交际过程中很难准确表达说话者的意图，往往还会造成歧义和误解，导致表达错误。

2. 思维模式对口语流利性的影响

口语表达讲究流利性，也就是在口语交际过程中没有犹豫、停顿等现象。英汉思维模式的差异对学生口语表达的流利性有着重要影响。首先,在词汇选择方面,英语多使用名词性结构,而汉语多使用动词描述性表达。其次,在句法结构方面,英语重形合,讲究句法完整,多用连接词,而汉语重意合,语法结构并不完整,而且较少使用连接词。深受汉语思维影响的学生常习惯汉语语言思维进行口语表达,当遇到在英语中找不到对应词语的情况时,就很容易出现犹豫和停顿的现象,从而影响表达的流利性。

(三)语用规则差异的影响

要想有效进行口语表达,仅掌握语音、词汇和语法是远远不够的,还要掌握语用规则,并了解英汉语用规则的差异。例如,在不同文化下,对人际交往的称谓就不同。具体来说,英语中的称谓较为稳定,但是在汉语文化中,称谓随着社会的不断发展而变动,且具有一定的地域差异。由此可见,教师应帮助学生充分了解中西语用规则的差异,以使交际顺利进行。

三、跨文化视域下英语口语教学的方法

(一)创境教学法

学习英语口语的最终目的是将英语运用于实际的交际活动,因此英语口语教学必须与学生的实际生活相联系,使学生能在真实的交际情境中掌握交际的要领。这就要求教师在英语口语教学中要创设各种真实自然的情境,变抽象的语言教学为情境化、形象化、具体化的教学,营造出轻松愉快的课堂氛围,激发学生表达的欲望。在口语教学中创设情境可有效激发学生的兴趣,培养学生开口说英语的能力。下面介绍两种创设情境的方法。

1. 角色扮演

角色扮演能有效调动学生学习积极性,它简便易行,并且有效避免了机械、重复、单调的练习,深受学生的喜爱。在角色表演

中，教师要为学生提供一个真实情境，并给出情境中的人物角色，让学生扮演角色进行交际。角色扮演能够给学生提供在不同场景里以不同的社会身份交际的机会，这样可使学生全身心地投入活动中。

学生是角色扮演活动的主体，其可以自行分配角色预先排练，然后在全班同学面前表演，而教师只在必要时进行适时指导，尽量不要干预其中。角色扮演的形式主要有三种：个人表演、两人结对演出、小组表演。例如：

Situation：A Chinese student discusses some resource saving and environmental protection techniques with her host mother in Britain.

Role A：You're studying in a university in London and staying with a British family. You do not understand why the host family has the air-conditioning on almost all the time.

Role B：You're British and think it is necessary to keep a constant temperature in the house，for it makes you and your family more comfortable.

这是一个两人结对表演活动，根据上述情景和角色划分，学生可能输出如下对话。

A：You know，Mrs. Brady，I've been meaning to ask you something…

B：Yes，dear，what's that?

A：Well，why do you always keep the air-conditioning running?

B：Why，would you rather swelter in the heat?

A：Well，it's not that. It's true that sometimes it's really hot outside and then I'm quite happy not to suffer，but it seems to me that the air-conditioning has become a habit and you keep it on even on days when it isn't so hot.

B：We like to have a constant temperature in the house，you know.

A：But it means there are always an artificial atmosphere，

and never any fresh air. Why do you keep it on cooler days rather than turning it off and opening the windows? You could reduce your power bill by quite a lot too.

B：Are you trying to save me money? Am I charging you too much rent?

A：Oh no，it's not that. But we were talking in class the other day about being environmentally conscious and I was thinking that not only is the air conditioning bad for the environment，it's bad for our health and it's expensive.

B：Well，you may be right. It's just part of our lifestyle，you know. I'll tell you what. Why don't we talk about this with the others over dinner tonight and see what they think?

A：OK，Mrs. Brady，which will be interesting. Thank you.

在学生表演结束之后，教师还需要对学生的表演情况进行评价，尽量多表扬和鼓励学生，同时恰当地指出表演和口语表达上的不足。

2.配音

配音也是一种非常有效的情境创设方式，其操作方式简单，而且灵活多样。教师既可以直接将视频材料中原来的声音消除，让学生根据画面场景自由发挥想象并配音，也可以要求学生先听一遍原声对白，讲解完语言点后再播放两遍让学生背诵台词，然后消除视频声音让学生对照画面回忆台词配音。

(二)文化导入法

交际不仅仅是语言的交际，也是文化的交际，所以学生在学习语言知识的同时，也应了解语言所承载的文化。对此，在英语口语教学中，教师应采用文化导入法向学生传授一定的文化知识，进而从本质上提高学生的口语表达能力。具体而言，教师可采用以下几种方式向学生导入文化知识。

1.运用丰富多彩的学习资料

通常情况下,统一的口语固定教材多强调传统的文化交际内容,与实际不断变化的口语交际文化有些不协调。现在的口语交际具有很强的实践性,而且所涉及的文化范围十分广泛,这就要求口语教材内容要与学生的文化体验具有关联性,从而激发学生的表达意愿。具体来讲,教师可采用固定教材与补充资料相结合的方法,以克服教材单一的弊端,并通过补充资料使学生接触到更加丰富的口语知识,进而真正培养学生的口语交际能力。

2.提高文化差异敏感性

培养学生的文化敏感性对于提高学生的口语交际能力十分重要。学生要想提高对文化差异的敏感性,就需要了解多样化的文化种类,对各种文化有一定的认识,逐渐减少文化成见的消极影响。因此,在口语教学中教师应指导学生收集和学习大量的典型信息,借助语境化的学习材料,将抽象文化与具体文化结合起来,并通过对比的方法提高学生对中西文化差异的敏感性,进而为学生的口语交际奠定基础。

3.进行口语演练

要想提高学生的文化差异敏感性,就要让学生频繁地进行文化体验,因此教师要让学生参与形式多样的学习活动和练习活动,不断加强他们对中西文化差异的把握。为了增强学生的自我效能感,学生在练习的过程中要遵循一定的原则,即由易到难、从具体到抽象的原则。在具体的练习过程中,教师可以组织双人或小组对话,使学生认真观察和体验同伴的应急反应,并及时做出纠正,如初定的对话场景是朋友之间打招呼,如果缺乏对文化差异的深度了解,谈话的主题很有可能会转移到年龄、职业等西方人所敏感的隐私话题上,此时学生之间可以相互提醒和纠正,这在锻炼口语能力的同时,也能深刻地感受中西文化差异。

(三)交际教学法

学习口语的目的在于更好地交际。交际教学法正是以此为导向,重点培养学生的交际能力。交际法的核心思想是把教学过程看成交际的过程,更注重语言的功能,认为教学内容应以语言功能为主,强调让学生在真实情境中进行交际活动,从而提升表达能力。交际教学法要求教师为学生创造大量真实、轻松的交际情境,学生在此情境下和教师、同学互动,从而输出更加真实、轻松、自由的语言。英语口语教学中常用的交际活动有以下几种。

1.呈现活动

呈现活动要求教师为学生创设一个真实、清楚的情境,学生在此情境下自然而然地输出语言。呈现活动是交际教学法中最简单的一种活动。呈现时需要注意,语言项目呈现的方式要随时间、地点、情境、内容的变化而变化,这样才能保证呈现的真实度,使学生如同身临其境,促进语言输出。呈现方式灵活多样,图片、挂图、投影仪、多媒体等,只要能真实有效,能够促进学生语言输出即可。

2.创设情境

口语学习的最终目的是使用,即应付实际生活中可能遇到的交际活动。因此,口语教学活动也必须更加贴近真实的交际情境才能达到教学的根本目的。这就要求教师在英语口语教学中要创设各种真实自然的情境,变抽象的语言教学为情境化、形象化、具体化的教学,营造出轻松愉快的课堂氛围,激发学生表达的欲望。实践证明,创设情境不仅有利于提高学生口头表达的欲望,还能有助于提高学生口语学习的效率。关于创设情境的方法,上面已有介绍,这里不再论述。

3.发现并解决问题

在口语教学中,教师可随时保持和学生之间的交流,学生可以边交流边发现自己在表达时的困难、错误。口语能力较差的学生可以通过教师的指导发现和解决问题，口语能力较强的学生则可通过自己的努力解决问题。交流的时间没有限制，可以是课前、课中、课后的任何时候。通过这一活动，学生能够有意识地主动思考、探索，从而改变被动接受语言知识的情况，真正成为英语口语学习的积极参与者。

（四）多媒体辅助教学法

在教育信息化背景下进行口语教学，利用多媒体技术是水到渠成的事，也是适应跨文化交际发展的需要。多媒体技术集语言、画面、声音三大媒介于一体，使学生能够在声影交错、言景结合中，轻松地融入英语语言情景中。此外，有效采用多媒体技术开展英语口语教学，能为学生学习英语口语提供大量语言信息，在各种语言交际活动中提升自己的口语表达能力和得体的语言交际能力。

在多媒体教学技术中，幕课教学作为一种在线教学的新形式在近年来得到了较快的发展，应用也越来越广泛。所谓慕课，即大型开放式网络课程（Massive Open Online Courses，简称 MOOC），它并不是网络资源的简单堆砌，而是以主题的方式对教学资源进行科学呈现。幕课教学应用于英语口语教学中主要有以下几种形式。

（1）仿真对话教学。学生与慕课视频教学中的国外交流者或专业的英语教师模拟现实情景，进行英语口语对话训练。

（2）提供口语练习平台。慕课平台中的海量资源具有多样化、更新快的特点，学生不仅可以进行口语学习，还能丰富知识、开阔眼界、拓展思维。

（3）展开板块学习方式。为满足不同学生的口语学习需求，慕课教学将口语学习切分为多个板块，如基本家常用语板块、服务英语学习板块、询问咨询口语学习板块、专业英语学习板块等。为提高口语训练的针对性与实效性，这些板块还可以进一步分化。例如，专业英语学习板块就可进一步切分为旅游专业英语口语训练板块、企业管理英语口语板块等。

第二节 跨文化视域下的英语写作教学

一、英语写作教学的意义

（一）有助于巩固英语知识

对于我国学生而言，英语不是母语，既然不是母语，那么学生在学习过程中难免会遇到各种问题和出现各种错误，通过英语写作教学，可以使学生更好地巩固所学的英语知识。每一种语言都蕴含着自己的民族特色，虽然英汉写作在某些地方具有相通性，但更多的是差异性。英语写作有其自身的规律，如英语书信写作有着不同于汉语书信的写作格式，如果按照汉语书信格式来书写英语书信，必然会造成交际障碍，而这种错误不通过练习是很难察觉的。英语写作教学能够促使学生对英语写作进行练习，从而检验和巩固所学的英语知识。

（二）有助于提升学习能力

记忆对于英语学习而言十分重要，要想深刻记住数量众多的单词、句型以及语篇，写也是必不可少的。就心理来讲，写作是运动觉的，通过写而留下的记忆相较于听觉和视觉会更强。此外，在写作过程中也会伴随听和读的因素，所以写就成了综合性记忆活动。因此，通过写必然会提高英语词语、句子的记忆程度。对此，在英语写作教学中，教师应重视写作教学，并引导学生通过写来加强记忆能力，进而提高学生的综合学习能力。

(三)有助于培养学生交际能力

英语写作是应用于交际活动的重要交流手段,其目的是传递信息,表达思想观点,进而进行有效交流,最终达到交际目的。运用英语写作进行交际是在实践中逐步培养起来的,而英语写作教学正是培养学生这种能力的最佳手段。通过英语写作教学,学生可以在将来的社会生活和工作中有效运用写作表达思想、完成工作、进行跨文化交际等。

二、文化差异对英语写作教学的影响

(一)词汇层面的影响

人们在生活实践中逐渐对自己感受到的事物形成一种概念,这种概念体现在语言上就是词汇。受不同文化背景的影响,一些表达同一概念的词汇在不同语言中往往具有不同的联想意义与文化内涵。

就我国目前的情况来看,很多院校的学生在进行词汇学习时往往对课文后面的词汇表进行机械背诵。为了达到扩大词汇量的目的,他们将更多精力投入对词汇表面含义的学习上,对于词汇的深层含义与联想意义则较少关注。这就使他们将词义与适用语境割裂开来,进而导致写作过程中的词汇使用错误。例如,很多人认为“请”就是英语中的 please,但事实并非如此,当邀请他人一同就餐时,可以在餐桌上说“Help yourself.”而不是“Please.”再如:

In this race, Howard becomes a black horse.

“黑马”指原本名不见经传却出人意料取得优异成绩的人,对应英文中的 dark horse。本例使用 black horse,不符合英文的特定表达习惯。

总之,对词义的正确理解是进行英语写作的重要前提。对中国学生来说，要顺利地完成写作，并提高英语写作的能力，首先就要在用词上下一番工夫。因此，教师应在英语写作教学中引导学生对词汇的社会文化意义进行准确理解，从而为思想、观点的正确表达打好基础。

（二）句法层面的影响

英汉语言属于不同的语系。具体来说，英语属于印欧语系，汉语属于汉藏语系。表现在句法上，英语句法具有典型的"形合"特点，不仅句法规范非常严谨，人称、数、时态、语态等方面的变化都有着十分严格的规定。

此外，句子的扩展往往借助具有关联意义的引导词或从句来完成。这是因为英语民族注重抽象思维，力求从客观的自然界中将某一纯粹形式的简单观念抽象出来，这就使英语句子常常在主干的基础上添枝加叶，逐渐形成类似"葡萄"的结构。当使用这种结构来表达一些较为复杂的概念或现象时，往往出现逻辑性较强的长句。例如：

As the science of gene expression grows, we may be able to create genes that can turn themselves off after they have gone through a certain number of cell divisions or after the gene has produced a certain amount of the desired product.

这句话由五个部分构成。

(1)时间状语从句：As the science of gene expression grows；

(2)主句：we may be able to create genes；

(3)第一个时间状语从句：after they have gone through a certain number of cell divisions；

(4)第二个时间状语从句：or after the gene has produced a certain amount of the desired product；

(5)定语从句：that can turn themselves off。

其中，(3)和(4)共同修饰(5)。整个长句就如同一棵枝繁叶茂的大树，树干与树枝相互穿插，有机结合。

与英语不同，汉语在表述方式上具有鲜明的“意合”特点。具体来说，汉语句子与句子之间较少使用明显的连接词，而更多是通过意义之间的连接来形成段落。这是因为中国人喜欢从整体上认识并处理事物，倾向于总结概括。

可以想象，习惯于汉语思维的高校学生如果按照汉语的句法形式来进行英语写作，显然是行不通的。所以，教师在写作教学过程中引导学生切换思维模式是十分必要的。具体来说，教师应帮助学生有意识地运用英语思维来进行写作，并在写作中完成从意合向形合的转变，这样才能避免汉式英语的出现，使写出的英语句子既正确又地道。

（三）语篇层面的影响

英汉文章在篇章层面体现出明显的差异。英语文章非常注重逻辑，在词与词之间、句与句之间、段与段之间常常使用丰富的连接词与引导词，以达到重点突出、内容集中、条理清晰的表达效果。汉语文章中的词、句、段之间则较少使用明显的关联词，常常依靠意义进行连接，在结构上也较为松散。很多学生在英语写作中受汉语篇章表达习惯的影响，写出的文章常常出现逻辑性差、缺乏美感、信息跳跃等问题。例如：

Henry James' extensive travel during his early years greatly influenced his later writings. Born in New York in 1843, Henry was destined to become one of the first rate novelists of the world. He received a remarkable education. his parents took him abroad for a year when he was only an infant. He was educated by tutors until he was twelve, and then taken abroad for three years by his parents. His father wanted him to absorb French and German culture, his brother, William, received the same education.

本例中，句子主题出现了数次大的跳跃，不禁令读者倍感迷茫。可将其信息进行重新整合，并删除与主题无关或者关系不够紧密的内容。修改后的文章如下：

Henry James, the novelist, had an unusual childhood. In 1844, while still an infant, he was taken abroad by his parents for a year. Upon his return, he and his brother, William, were given private tutoring until Henry was twelve. At that time both boys were taken abroad to spend three years absorbing French and German culture.

很明显,在修改后的段落中,"Henry James 的童年"这一主题得到强化,句间关系也更加紧密,全文更加通顺。

三、跨文化视域下英语写作教学的方法

(一)写作技巧法

向学生传授各种写作技巧是英语写作教学的基本方法,也是教师教学的基本任务。具体来说,学生在写作中常用的技巧主要有以下一些。

1. 构思技巧

构思是写作的基础,需要贯穿在文章写作的始终。构思是作者对文章把握的前提,主要可以采用以下几种形式进行构思。

(1)自由写作式

学生拿到文章题目时,可任由思绪在脑海中扩展,同时要及时将头脑中的观点记录下来,然后阅读记录内容,从中挑出有用信息展开写作。

(2)思绪成串式

思绪成串法是一种十分常见且有效的选题构思策略,它是指将主题写在一张纸的中间,并画上圆圈,然后将所能想到的与主题相关的关键词都写下来,并画圈。接下来对所有的关键词进行总结归纳,最后确定写作思路。

(3)五官启发式

学生将五官(视、听、嗅、味、触)感受到的信息进行整合,从而总结出与作文题目相关的材料。这种构思方式常用于描写文的写作中。

(4)问答式

问答也就是自问自答,即自己就有关主题进行提问。一般来说,应当用英语中的五 W 和一 H 开头的问句进行提问。提问的时候尤其要注意多问那些人们很想知道的问题,并尽量多提问一些问题。

2. 开篇技巧

好的开头对一篇文章十分重要,因为文章开头写得出彩往往会给人留下深刻和正面的印象,能够激发读者的阅读兴趣,吸引读者继续阅读。文章开篇的方法有许多种,下面介绍几种最为常见的方式。

(1)开门见山式

西方人多为直线型思维,因此在语言组织上也习惯于使用"开门见山"的表达。这种表达在文章开篇便突出文章主题,又被称为"事实陈述法"或"现象陈述法"。

(2)定义式

当文章需要对某事物进行阐述时,可以在开篇使用下定义的方法,以帮助读者对文章事物进行理解与掌握。这种定义的开篇方式在说明文或科普类文章中经常出现。

(3)故事导入式

与直白的说理相比,生动活泼的故事、事件对读者的吸引力更大。因此,用一个事件、故事或意象开始一篇文章对于提升文章的趣味性而言是十分有效的。

(4)名言名句导入式

谚语、习语、格言以其简明的语言、深刻的哲理而令人信服。鉴于这一点,开章段中借助谚语、习语来引出主题也是有效吸引读者注意力的一个好方法。

(5)数据式

数据式就是在文章的开头引用权威性的数字,以使文章更具权威性和说服力。数据法有先主题后数据,先数据后主题之分。

3.段落展开技巧

当文章的框架基本确定,并且有了合适的开头,便需要对段落展开写作了。通常,段落展开的策略主要有以下几种。

(1)按时间展开

按时间展开这种方法常用于记叙文的写作。通常是在记叙一件事情时,按照事件发生的顺序写,也就是先发生的事情先写,后发生的事情后写。

(2)按空间展开

当写作中需要对一个地方或景物进行描述时,写作者可以采用按空间展开的形式。空间展开的段落发展策略能够增加文章的错落感和整体感,便于读者对文章的理解和掌握。

(3)按过程展开

按过程展开的方法主要用于记叙文的写作,它往往按照事情发展的过程或按照事件步骤的先后顺序逐项进行说明。

(4)按定义展开

按定义展开这种方法常用于说明文,主要是对一个复杂和抽象的词语或概念进行阐述。在下定义的同时,还常运用举例子、打比方的方法,以使读者对定义有一个清晰完整的了解。

(5)按逻辑展开

文章的逻辑性是指行文思路通顺清晰、句子表达准确流畅,句间关系紧密,内容环环相扣,段落和谐连贯。段落篇章的和谐连贯离不开关联词。使用恰当的关联词可以把各句子有机地联系起来,使行文流畅,引导读者顺着作者的思路思考。增强文章逻辑可以通过关联词进行表达。

(6)按因果关系展开

按因果关系展开这种方法常用于说明文，主要包含三种形式：第一种是按原因展开，即文章开头先描写结果，然后再分述其原因；第二种是先给出结果，然后再叙述其原因；第三种是文章既分析原因又分析结果。

(7)按实例细节展开

按实例细节展开这种方法常用于说明文，就是将主题句的抽象意思具体化，给读者一个清晰、有趣、深刻和信服的印象。通常在文章开头提出论点，然后列举实例加以说明，例子可以举一个，也可以举多个。

4. 结尾技巧

结尾段一般是对前文内容的总结、强调或是前文内容发展的自然结果。结尾段既可以是一个段落，也可以只是一个句子。无论哪一种，都必须表达一个完整的意思，给读者留下深刻的印象。常用的结尾方式主要有以下几种。

(1)总结式结尾。所谓总结式结尾，就是在文章结尾处对全文进行总结，以揭示主题。

(2)建议式结尾。建议式结尾主要针对文章讨论的某种现象或问题，提出解决问题的途径、方法或呼吁人们采取相应的行动。

(3)重申主题式结尾。在结尾处重申主题，对文章的中心思想进行强调，从而加深读者对文章的印象。

(4)警示式结尾。警示式主要是依据文中的论点，在文章结尾处揭示问题的严重性，以引起读者的重视，引发读者的思考。

(5 展望式结尾。展望式结尾主要在文章结尾表达对未来的期望，以达到增强文章感染力，同时鼓舞人心的目的。

(6)反问式结尾。强调文章主题不一定全部采用重复中心思想的方式，适当使用反问句也是一个不错的选择。另外，反问句能够发人深思，这是简单地重复主题所不具备的功能。

(7)引语式。引语式就是通过引用格言谚语以总结全文。但要注意，所引用的名言一定要与前面的观点相符合。

（二）反思性教学法

在跨文化视域下的英语写作教学中，教师可以采用反思性教学法，具体可从以下几个方面入手。

1.反思课堂组织方式

教师可将写作教学活动分为如下三个阶段。

（1）写前阶段。在该阶段，教师提供一个话题，让学生围绕该话题进行小组讨论；也可以采用课堂辩论的形式，要求学生对一篇文章的主题进行深入讨论，教师对学生的观点进行收集，并以大纲的形式展示给学生，让学生对观点进行分析、归类——主要或次要、积极或消极、正面或负面等。

（2）写草稿阶段。在该阶段，教师要引导学生自由发挥，完成文章的写作。

（3）修改阶段。在该阶段，学生将写好的草稿与其他同学进行交换，并做出修改，以改善文章的质量，使其更符合写作目的和要求。

课堂教学结束之后，教师应对本单元的教学展开反思，可以写教学日记，也可以写出教学报告，这样可以对课堂教学情况进行快速的检测。

2.反思自己在教学中的角色

在英语写作教学中，教师是教育者，也是受教育者；是引导者，也是评论者。在教学过程中，教师和学生都是写作活动的主体，角色是积极的、主动的。课堂上的活动范围和活动内容均是自由的，不做任何硬性的限制。“每个人都是写作活动的参与者，每个人都是思维和语言的创造者。”①

① 戴丽琼.反思性教学理论在英语写作教学中的应用[J].辽宁经济职业技术学院学报，2007(1)：102.

3.分析学生的学习效果

教师可以观察学生在课堂上的具体表现，并通过学生的作文定稿对学生的学习效果有一个基本的了解。此外，教师可以通过问卷调查的方式了解学生是否对写作课感兴趣，学生是否能接受教师采取的教学方法，写作课是否真正提高了学生的写作水平等。这样教师对每个学生的学习动机、学习方式、学习水平等都有一个更好的了解，从而有针对性地采取恰当的教学方法，最终提高教学的有效性。

当然，除了上述这些方面，教师还可以对课堂互动、提问技巧、教师语言等方面进行反思。反思还可以采取课堂现场录音录像的方式，将教学过程完整地记录下来，以便反复观看，并进行分析、总结，以改善课堂教学。

(三)文化导入法

在英语写作教学中，教师可以通过文化导入法培养学生的文化意识，提高学生的写作能力。具体来说，教师可以通过以下几种方式导入文化知识。

1.直接融入文化知识

在跨文化交际中，因文化差异导致的错误要远比语言本身出现的错误严重。因此，教师在英语写作教学中应重视文化差异因素对学生写作的影响，应采用有效的方法来提高学生的文化意识，这对提高学生的写作能力具有现实的意义。

具体而言，在英语写作教学中，教师应成为中西不同文化间的中介者和解释者。作为中介者和解释者，教师首先应对某一语言成分所依附的文化内涵及文化背景有一个深入的了解，只有教师具备了较高的文化素养和对两种文化的洞察力，才能培养和提高学生的文化素养。在英语写作教学中，教师应在传授语言知识的同时传授语言文化知识，做到语言教学与文化教学的并进。除了要向学生分析语言本身所承载的文化背景知识外，还应适时补充一些西方国家的风俗习惯、社会规则、生活方法、思维模式、宗教信仰等文化背景，使西方文化背景知识渗透、融入写作教学的各个环节。教师要适时总结中西文化差异，并形成系统的文化规则，然后介绍给学生，以提高学生的文化差异敏感度和洞察力，培养学生的跨文化交际意识。当然，英语写作教学中的文化教学并不是让学生外国化，而是让学生通过对西方文化的了解学习，具备跨文化交流的意识，做到母语文化与西方文化的互动，使学生能够自觉地吸收和掌握地道的英语表达方式，进而能够准确、恰当地传递信息和表达情感。

2.开设文化选修课程

为了丰富学生的文化知识，扩展他们的文化视野，教师应有意识地开设有关西方文化方面的选修课，如“语言与文化”“跨文化交际”“语用学”等课程，并适当地使用一些国外出版的教材。这样不仅可以扩大学生自主选择课程的空间和接触西方文化的途径，还能开阔学生的视野，扩大学生了解西方文化的空间，培养学生的文化意识和英语思维，进而使学生写出地道的英语文章。

3.加强思维转换训练

我国学生的英语作文普遍存在两大缺陷，即“重点不突出”和“黏着性差”，而这两大缺陷很大程度上是因欠缺英语思维造成的。因此，在英语写作教学中，教师应有意识地引导学生对中西不同的思维方式和特征进行对比研究，包括基本词汇文化内涵比较研究、深层文化对比研究、情景对话行为规则的研究等，帮助学生学习和掌握西方的组织篇章的思维逻辑，引导学生用英语思维模式进行写作，从而使学生写出符合语言交际规范的文章。另外，学生需要用西方的写作思维模式勤加练习，没有大量的练习，写作理论与技巧只能流于形式。学生只有勤写多练，才能发现和解决自己写作中的问题，不断将所学语言文化知识以及英语思维方式应用于英语写作实践中，才能逐步提高英语写作能力，进而写出符合英语语言规范的文章。

此外，因英汉语言属于不同的语序，无论是语法结构还是表达习惯都表现出很大的差异，因此英语写作教学不能忽视母语的影响。母语对英语学习有着巨大的影响，它根植于中国人的大脑中，并达到了自动化的程度。有研究表明，外语学习者的母语系统越是牢固，对外语学习的干扰性就越大，也就需要更多的大脑加工资源去压抑干扰。所以，母语对于学生英语思维能力的培养以及英语写作能力的提高起着很大的阻碍作用。为了克服母语对学生英语写作的干扰，教师在写作教学中可设置一系列中英文思维转换训练，具体如下。

（1）重视英语文章的结构，理论上分清英汉段落、篇章结构的不同特征与规律。

（2）从单词着手，进行词义辨析，对近义词进行区别分析。

（3）创设语言环境，让学生在真实的语言环境中训练准确用词的能力。

（4）让学生比较英汉句式结构或表达习惯上的不同。

（5）进行各种练习，如改错、分析句子结构、评改典型习作、在阅读原文的基础上比较英汉篇章组织以及思维方式方面的差异。

以上训练可以让学生从汉语思维向英语思维转变。学习英语也就是学习用英语进行思维，有意义的训练是培养英语思维的有效途径，这说明克服母语干扰的有效方法是加大英语接触量，而不仅仅是重复某一语言形式，只有在学习语言结构的同时配合语境等非语言信息，并进行大量的语言实践，让语言根植于大脑语言运用机制中，才能跳出母语的思维，形成英语思维模式。

（四）多媒体辅助教学法

如今，计算机网络与多媒体技术的飞速发展为英语教学手段的改革提供了更多可能。具体到写作教学中，由于媒体和网络具有情景真实、资源丰富、不受时空限制、灵活自如等特点，采取网络辅助教学法不仅有利于学生接触大量地道的英语，还能够切实调动学生的学习兴趣，提高英语写作水平。下面简单以写作的三个阶段来分别介绍多媒体技术手段在写作教学中的运用。

1. 构思

写作前，学生需要有写作的愿望，同时考虑与组织自己的思路，拟定写作提纲。借助现代教学技术手段，能帮助学生打开思路，如CD-ROM Inspiration。该CD菜单中不仅包括写作计划、创造性思维、提纲、概念匹配以及图表等写作要素，而且还备有具体的写作专题所需考虑的一系列的相关方面，学生写作前从中选择需要的内容后，在此基础上经过整理，一般就能为写作做好准备。

2. 草拟

草拟文章阶段，学生可利用计算机中的文字处理软件起草，随时修改内容与文字，同时利用一些网上提供的修改与编辑文章的项目辅助自己的写作。例如，The Daedalus Integrated Writing Environment(DIWE)即可让教师与学生以及学生之间同时了解写作内容，指出写作过程中的错误或提出修改意见。这种方法的优点是十分明显的，既有利于学生之间的互帮互学，又能够加强教师对学生写作的个别指导，是写作教学中合作学习的具体体现。

3. 成文

在成文与定稿阶段，学生可利用各种软件推敲词与句的用法，在综合考虑教师与同学的意见后，最后定稿。传统的外语写作练习在定稿后就交给老师，而使用现代教学技术手段却能使学生根据出版的要求修改文章，在网上出版，并与其他同学或朋友交换文章。值得一提的是，有些网站专门开辟了学生论坛，在这里学生可发表自己的写作成果。例如，美国伊利诺的网站ExChange(http://www2. lei. uluc. edu/Echanges/)上就有这样的论坛。学生的文章如能在网上发表，与全世界的读者分享，这对学生来说是巨大的鼓舞。

第七章 跨文化视域下的英语翻译教学

概括来说，翻译就是将一种语言所表达的信息用另一种语言传译出来，从而实现信息的沟通与交流，主要包括笔译与口译两种形式。随着经济全球化的不断深入，翻译的桥梁与纽带作用日益突出。在这样的时代背景下，加强跨文化视域下的英语翻译教学具有十分重要的现实意义。

第一节 跨文化视域下的英语笔译教学

所谓笔译，就是笔头翻译，即用文字进行翻译。在人类的翻译史上，笔译对于不同民族之间的文化交流发挥着不可替代的作用。就目前的情况来看，笔译在翻译实践中仍是不可或缺的重要组成部分。

一、英语笔译教学的意义

笔译教学的目的是培养高质量的笔译人才，即不仅要引导学生掌握笔译理论与技巧，还需要让学生学会独立应对各种文体和问题。可见，笔译教学有着非常重要的意义，主要可以归纳为如下几点。

（一）有利于增加学生的文化背景知识

笔译不仅是两种语言的转换，如果要想译出高质量的文章，就必须结合具体的文化知识。因此，在笔译教学中，教师除了教授单纯的笔译知识外，还需要融入文化的内容，既要讲授外国文化，还需要将外国文化与中国文化进行对比，通过对比，让学生了解两种语言的差异。因此，笔译教学有助于提升学生的文化背景知识。

（二）有利于提高学生的英汉语言修养

在笔译教学中，不仅需要确保译文完整、准确地对源语的意义进行再现，还需要保证译文与源语的风格、修辞手段等的一致性。因此，这就需要不断提升学生的英汉语言修养。

在不同的文体中，需要保证不同文体语言的特色。例如，对于科普类文章的笔译，译文应该简练，避免晦涩、难懂，给读者一目了然的感觉。

学生在学习笔译的过程中，往往会经过多重笔译实践和训练，这对于提升他们自身的英汉语言修养而言大有裨益。

（三）有利于促进各民族文化的交流

笔译有利于促进各民族文化之间的交流。通过对世界笔译历史进行观察可以发现，只要在某一时期，笔译活动频繁，那么这一时期中的两种文化或使用两种语言的两个民族之间就必然存在极大的差异或不平等，一个民族就会向另一个民族学习先进的知识与文化。在知识传播过程中，从古希腊到波斯，从印度到阿拉伯国家，从欧洲到中国和日本，笔译都发挥着至关重要的作用。

随着社会文明的飞速发展，科学技术取得了很大的进步，加强笔译教学有利于充分发挥笔译在沟通世界各族人民的思想、促进各国与各民族之间的文化交流方面的作用。

二、文化差异对英语笔译教学的影响

由于地域不同，中西方形成了迥然各异的文化。要想保证笔译教学的质量,就要求教师引导学生了解和熟悉中西方文化的差异,并在此基础上运用自身娴熟的翻译技巧,将源语神韵与内涵准确地再现出来。概括来说,文化差异对英语笔译教学的影响主要体现在以下两个方面。

(一)价值观念差异对英语笔译教学的影响

价值观念体现了人们对事物的认知与看法。由于地理环境、生活经历等方面的差异,中西方国家形成了不同的价值观念。

1."过去"时间观念与"将来"时间观念

在时间观念方面,中国注重"过去",而西方注重"将来"。

中华民族历史悠久,这也让子子孙孙引以为傲。因此,在中国人眼中,历史是绝对不能忘怀的。在这一思想的影响下,中国人习惯用古代的仁义道德思想来评判身边的事情。现如今,虽然人们将更多精力开始从过去转向未来,但是"过去"的这种价值观仍常驻中国人心中。

与中国的"过去"时间观相比,西方人的个性主义价值观要求他们要不断努力、不断创新,实现自己的物质需求,追求自己的独立。在西方人眼中,时间一去不复返,因此他们不能留恋过去,而应面向未来,抓紧时间享受现在的生活。

因此,由于中西时间观念的差异,导致中国人做事往往不紧不慢,而西方人珍惜每时每刻,认为时不我待。例如:

the latest news

the latest discovery of sth.

上例中都存在latest一词,这里不是"最后的"意思,而是"最新的""最近的",这样的翻译体现出时间观念的差异。

2.集体主义观念与个人主义观念

中国倡导集体主义价值观。所谓集体主义,指的是国家、集体、社会利益在前,个人利益在后的一种价值观。简单来说,当遇到个人利益与集体利益发生冲突时，人们往往被要求与集体利益保持一致性。虽然这种情况在当代社会有所改变，但是中国人仍旧饱含着强烈的集体归属感。

与中国的集体主义价值观相反，西方人强调个人主义。因为西方人对于个性、自由非常推崇，强调个人的意志，注重自我实现。但需要指出的是，个人主义并不意味着个人利益比任何利益都高，而是需要在法定的范围内，因此个人主义也是一种健康的、积极的价值观。不得不说，个人主义有助于个人的创新与进取，但是如果对个人主义过分强调，可能也会影响整个社会的亲和力。

由于集体主义与个人主义价值观差异的存在，在进行笔译教学时必然会考虑这一点。例如：

Where there is a will, there is a way.

有志者，事竟成。

上例中，无论是英语还是汉语，都是人们熟知的。在翻译时，如果译者不考虑西方人的个人主义价值观念，必然会曲解源语的意义。而“有志者，事竟成”的翻译，恰好将西方的个人主义特征凸显出来。

（二）思维模式差异对英语笔译教学的影响

思维模式是人们通过推理、分析来对外界世界进行感知。由于中西思维模式的差异，导致英语笔译教学必然会遇到一定的障碍。

1. 形象思维与抽象思维

中国人强调“天人合一”，在这一思想的影响下，中国人善于形象思维，即人们通过与外部世界的客观事物形象产生联系，加之头脑中的固有物象，展开思考与总结。这种思维模式在古代汉字中展现得尤为明显。

相比之下，受形而上学思维的影响，西方人习惯抽象思维，即人们以概念作为基础，对事物进行与现实物象相脱离的判断。这一思维模式是抽象的、分析的。

因此，中国人擅长对概念进行具体表达，而西方人擅长对概念进行抽象表达。因为抽象表达较为笼统，给人以晦涩之感，而翻译成汉语时必然需要具体化，才能被汉语读者理解。例如：

A lot of Diana's appeal comes from her stunning physical presence.

戴安娜之所以受到公众的关注主要是因为她那令人倾倒的身段。

上例中，如果将 presence 翻译成“出席”“存在”“到场”这些抽象化的概念，很难被汉语读者理解，因此将其具体化，让读者读起来更具有韵味，且浅显易懂。

2.整体思维与个体思维

中国古代强调“天人合一”，强调人与自然、主体与客体的统一。这就表明了中国人的整体性思维，他们把整个世界视为一个整体。整体由部分构成，要想对部分有所了解与把握，就必然需要把握整体，从整体看问题，反对孤立的态度。

与中国人相比，西方人主张“天人二分”，即认为人与自然、主观与客观是分离的。这就表明了西方人的个体思维。西方人强调首先应分析部分，然后知整体，分析小的方面，然后知大的方面。

中西的这种思维模式的差异在笔译教学中表现得也非常明显。例如：

现代的管理体制要求抓大放小。

The modern management system requires focus on the restructuring of major enterprises and leave minor ones to fend for themselves.

对上例仔细分析不难发现，译文的行文更为严谨，且淡化了汉语中“抓大放小”这一整体性思维模式，而将个性凸显出来。

三、跨文化视域下英语笔译教学的方法

(一)策略教学法

笔译策略是一代又一代笔译工作者经验与教训的结晶，是经过实践检验的行之有效的翻译方法。教师采取策略教学法，帮助学生掌握这些基本方法并在翻译实践中灵活运用，对于提高笔译效率、提升译文质量都具有十分重要的意义。下面从词汇笔译策略与句子笔译策略两个层面展开论述。

1. 词汇笔译策略

在词汇笔译教学过程中，教师可向学生传授以下一些策略，并引导他们结合具体语境进行灵活运用。

(1)直译策略

所谓直译策略，就是将源语的文化信息用译语对应的词语进行翻译。直译策略有利于使源语文化的特征得到最大限度的保留。例如：

to fan the flame(s) 煽风点火

to burn one's boats 破釜沉舟

纸老虎 paper tiger

一国两制 one country, two system

需要特别说明的是，为了避免译语读者的误读和误解，采用直译策略翻译中西词汇时，应尽量避免生搬硬套。

(2)音译策略

源语中有些物象是特有的，在译语中是空白的或缺失的，笔译时可考虑音译策略。例如：

sofa 沙发

beret 贝雷帽

Coca Cola 可口可乐

秀 show

功夫 Kongfu

黑客 hacker

(3)转译策略

由于中西方处于不同的自然条件和文化环境中，人们在表达相同语用意义时可能会使用不同的事物。在笔译这类词汇时，译者可以采用转译策略，将源语文化中的意象转移到相应的译语文化中的意象，使之产生形移而意近的效果。

以汉语中的"虎"为例，"虎"在汉语中是"百兽之王"，象征勇猛、无畏、领袖。英语中的有相似的象征勇猛、无畏的意象，是用 lion 表示。所以，在笔译过程中可采用转译策略。例如：

a lion in the way 拦路虎

play oneself in the lion's mouth 置身虎穴

类似的例子还有很多。例如：

to miss the boat 错失良机

armchair strategy 纸上谈兵

to make bricks without straw 做无米之炊

a cat on a hot tin roof 像热锅上的蚂蚁

a square peg in a round hot 格格不入

Let another's shipwreck be your seamark.

前车之覆，后车之鉴。

Love me, love my dog.

爱屋及乌。

红榜 honor board

挥金如土 to spend money like water

红白喜事 weddings and funerals

(4)加注策略

中西词汇的语用意义并非完全对应，翻译时如果只是音译或直译，目的语读者可能难以了解。为了避免词汇翻译中语用意义的丢失，译者可采用加注策略，也就是先采取直译策略或音译策略，然后添加一定的注释，从而使译文与原文在语义上达到对等，同时易于目的语读者的理解。

例如，汉语“包青天”一词是汉语文化特有的，是公正无私、执法如山、铁面无私、为民做主的形象，这种联想意义在英语文化中是空缺的，翻译时可采用加注法，译为 Judge Bao(the just and impar-tial judge in Chinese history)。

再如：

磕头 Kowtow(the old etiquette, kneeling on the ground with the hands to the ground and face against the ground)

气功 Qigong(a system of deep breathing exercises)

阴阳 Yin and yang(the two opposing principles in nature)

(5)替代策略

所谓替代策略，是指“在保留原文交际意义的基础上，用译语中的某个概念意义不同但文化意义相近的词语替换源语文化词语的方法，即用译语中带有文化色彩的词语取代源语中带有文化色彩的词”①。

由于东西方民族所处的自然条件具有一定的相似性，且经历了大致相同的进化过程，生理结构也相似，因此中西语言中也存在一些具有相似文化内涵的词汇，这就是词汇的文化重合。在翻译这类词汇时可采取替代策略，即以本文化中的近似词组和表达法准确生动地传达出源语文化的内涵。

例如，汉语中的“猪”与英语中的 pig 在两种文化中都被视为懒惰、愚蠢、粗俗、肮脏的动物。因此，两种语言中有一些与之相关的表达，笔译时可直接进行替代。例如：

to buy a pig in a poke 乱买东西

to teach a pig to play a flute 教猪吹笛

ten to one 十之八九

silence is golden 沉默是金

---

① 张全. 全球化语境下的跨文化翻译研究[M]. 昆明：云南大学出版社，2010:94.

by two and threes 三三两两

to have one foot in the grave 风烛残年

a stream of tears 泪如泉涌

lead a dog's life 过着牛马不如的生活

to love at the first sight 一见钟情

力大如牛 as strong as a horse

天长地久 as old as hills

不翼而飞 to take wings to itself

班门弄斧 to teach fish to swim

瞎子点灯——白费蜡 hold a candle to the sun

了如指掌 to know something like the palm of one's hand

(6)移植策略

将源语中的语言符号全部或部分原封不动地移入译语中的翻译策略就是移植策略。中西词汇笔译有时可采用这一方法。例如,英语中有一些词可以直接移植到汉语中,如 VCD,ICU,DNA 等。

总之,教师在引导学生对具有文化内涵的词汇进行笔译时,除了要注意词汇结构,更应考虑与词汇密切相关的文化信息,从而使用恰当的笔译策略实现源语文化与目标语文化之间的等效传递。

2. 句子笔译策略

英汉句法结构存在明显差异。此外,英语句子结构较为丰富,包括长句、被动句、比较句、否定句等,在笔译不同类型的句子时应采取相应的笔译策略。因篇幅所限,下面仅对比较句与否定句的笔译策略进行论述。

(1)比较句的笔译策略

英语中的比较句常采取丰富的句型来表达比较的含义。其中,英语比较级"＋than to do…"句型一般可笔译为"不至于做某事"。例如:

You ought to know better than to go swimming on such a cold day.

你不至于这么冷的天去游泳吧。

I have more sense than to tell her about our plan.

我不至于傻到会把我们的计划告诉他。

英语中“more than…”句型之后所跟的词性不同，意义也不同，如后接名词或动词，意思是“不只是……”；后接形容词、副词或分词时，意思是“非常，极其”；后接数词时，意思是“多于……”“……以上”。笔译时应根据具体情况选用不同的汉语词语。例如：

He more than happy, but excited.

他不只是高兴，而是兴奋。

The old merchant has more than ten dollars in his pocket.

那个老商人的口袋里还有十多美元。

“no more…than…”句型表示对比较对象的同时否定，常译为“既不……也不……”“和……一样不”“不……正如……”“……和……两者都不”。例如：

Peter is no taller than his elder brother.

彼得跟他哥哥一样不高。

Paul is no more a scholar than he is a poet.

保罗不是学者，正如他不是诗人一样。

(2)否定句的笔译策略

英语中的否定句具有非常灵活的形式。在对否定句进行笔译时，应对原否定结构进行仔细分析，准确理解其真正含义以及否定词所否定的对象或范围，结合其逻辑意义，选用合适的笔译策略。

对句子否定对象进行全盘、彻底的否定就属于全部否定，常使用 no, not, never, none, nothing, nobody, no one 等表达方式。在翻译全部否定句式时，通常可直接翻译全部否定词，但应确保符合译入语表达习惯。例如：

Nothing in the world moves faster than light.

世界上没有任何东西比光的速度快。

I had never heard anyone talk about a product the way he talked about coffee.

我以前从未见过有谁像他谈论咖啡那样谈论某些产品。

在部分否定句中，整个句子的意义一部分是否定的，而另一部分是肯定的。一般来说，部分否定句由否定词与代词或副词组合而成。这些代词或副词有 both, every, all, everything, everybody, entirely, wholly, everywhere 等。在对部分否定句进行翻译时，常将其译为“并非都”“不总是”“不都是”“不一定总是”等。例如：

I do not want everything.

我并不是什么都想要。

双重否定句常将一个否定词与一些表示否定意义的词连用，或者将两个否定词进行连用，从而使否定意义相互抵消，从而使句子获得肯定意义。双重否定句既可译为汉语的肯定句，又可译为汉语的双重否定句。例如：

I can not agree more.

我完全同意。

（二）网络多媒体辅助教学法

运用网络多媒体技术辅助英语笔译教学具有多方面的优势，对于培养学生的英汉双语翻译能力十分有利。具体来说，教师可从以下几个方面入手。

1. 展开笔译课堂教学，增加英语习得

虽然可以直接使用与教材相配的多媒体教学光盘，但是由于设备资源情况不同，且配套的光盘大多是缺乏系统性的翻译教学内容，因此教师需要根据不同的情况来制作多媒体课件。换句话说，多媒体课件的制作需要建立在教学过程、教学目标、教材内

容、教学媒体的基础上，坚持互动性原则，以提升学生的自主学习能力，确保不同层次的学生在翻译能力上都能够得到提高和训练。

据此，在开展笔译课堂教学之前，教师设计的笔译教学模块需要利用声音、图片、动画等刺激学生的大脑，使学生之前难以理解的笔译理论变得更为生动、有趣。在具体的笔译课堂教学中，教师既要对英汉互译的技巧进行分析和总结，还需要补充相应的中西方文化知识，使学生能够对翻译的基本常识给以系统掌握。

虽然这样的教学模式还是按照译例分析—课堂笔译—课后练习的方式，但是其内容和形式与传统的翻译教学大不相同，主要体现在以下两个方面。

(1)形式上不再是单调的板书形式，而是以媒体形式呈现，不仅节省了时间，还便于进行分级教学。

(2)内容上是针对不同层次的学生展开的，在课堂上由教师指导和学生自主选择，这有利于改善课堂教学的氛围。

2. 制作教学课件，建立翻译素材库

网络多媒体课件是一种新的模式，它的制作仅靠个别教师很难完成，且教师自身的知识结构、时间资源等也都是非常有限的，因此新模式更强调资源共享、集体备课。

制作教学课件，建立翻译素材库，教师需要注意如下几点。

(1)在笔译教学内容上，教师除了注重精讲，还需要注意多练。笔译毕竟属于英语教学的一部分，因此不可能占据多余的课时。这就要求教师应该从教学大纲出发，通过集体讨论对精讲的翻译理论和技巧进行确定，为教师提供一个框架。同时，教师要根据自己的情况进行局部的更改和发挥。另外，在具体的实践中，教师设计的笔译练习要保证题材、体裁多样，难度要适中，并能够及时做到调整和更新。

(2)在笔译教学方法上，教师应该将课堂与课外相结合。传统的笔译教学模式往往教师讲得比较多，学生练习的机会少，学

生是被动的，这就导致学生很难有兴趣去了解笔译技巧，所以课堂内的讲练结合是十分必要的。在练习的基础上，教师给予一些指导性的意见，引导学生归纳自己的笔译技巧和方法。

(3)在笔译教学建设上，要及时补充，更新笔译素材库。从具体的、大量的教学实践中归纳出理论，然后将这些理论上升为理性认识，反过来对实践进行指导。笔译素材也要与时势相符，是对当代社会各个层面的反映，其难度要体现层次性。教师也要发挥主观能动作用，不断地扩充素材库。

3.扩大课堂信息量，克服课堂教学的局限性

如果仅仅依靠课堂教学，那么课时必然是有限的，因此教师需要利用校园网来扩大课堂信息量，从而克服课堂教学的某些弊端。在具体的教学中，教师以学生为中心，以网络多媒体为手段，降低学生的焦躁情绪，缓解学生的紧张。同时，为了弥补课时的不足，教师可以将课堂上未叙述详细的翻译模块放在网络上，让学生自主进行选择学习。

此外，教师需要有计划地增大难度，加强学生对跨文化交际、英美文化的了解，开阔学生的眼界。学生通过校园网对中英文文章进行阅读，自行进行翻译，与优秀译文进行对比并探讨，最终仿照原文写作形式来提高自己的笔译水平。

在练习的过程中，教师应引导学生从自己的专业和兴趣出发。如果学生学的是医学专业，那么他们可以选择医学材料进行笔译练习；如果学生学的是旅游专业，那么他们可以选择旅游材料进行笔译练习。

第二节　跨文化视域下的英语口译教学

享誉盛名的口译理论家莱丝科维奇(Seleskovitch)指出：口译是在口头上将语言生产者的意图传达给听众的一种交流，这种交

流应该是准确而流利的。[①] 口译常常会受到生理因素、心理因素、语音因素、思维方式因素的影响。因此，与笔译相比，口译对学生的综合素质提出了较高的要求。

一、英语口译教学的意义

口译集视、听、说、写、读于一体，具有即席性、口语性的特点，比笔译面临着更多的压力。积极开展英语口译教学不仅能够提升学生的综合语言能力与跨文化交际能力，还可以满足社会对口译人才的需求。

（一）有利于巩固和加强学生的综合语言能力

英语教学包括听、说、读、写、译五项技能。作为其中技能之一的翻译，涉及两种语言间的转换，在这一过程中，学生会不自觉地运用到之前学到的知识进行口译。在口译教学过程中，通过与对方进行交际，在分析原文信息的前提下将译文表述出来，这就锻炼了学生的听力能力、口语能力和翻译能力。总的来说，口译教学有利于巩固和加强学生的综合语言能力。

（二）有利于培养学生的跨文化交际能力

无论是哪一种语言，其都包含特定的交际模式。学生在进行翻译时，不仅需要对语言基本知识有所熟悉和掌握，还需要对英汉语言的文化差异性有所了解，这样就与英语的交际模式相符合。如果学生对这一交际模式并不了解，即使自身掌握了丰富的英语语言基本知识，也很难展开地道的翻译，这样很难保证跨文化交际的顺利展开。

在口译教学中，教师不仅仅要向学生讲解相关的口译理论知识，还需要对英汉交际模式的差异性进行分析说明，从而不断培

① 王斌华. 口译：理论·技巧·实践[M]. 武汉：武汉大学出版社，2006：3.

养学生的跨文化交际能力。

(三)有利于满足社会对口译人才的需求

时代不同,社会对英语人才的需求也不同,因此对英语教学的要求也必然存在差异。近些年,随着经济全球化的推进,国与国之间的交往日益频繁,口译在跨文化交际中的作用日益突出。口译是否准确、流利,对于国际交流与合作能否顺利进行有着重要意义。可见,21 世纪的社会对于高素质口译人才的需求是十分必要的。因此,在英语教学中开展口译教学不仅与社会发展的需求相适应,还有助于满足社会对翻译人才的要求。

二、文化差异对英语口译教学的影响

中西方国家之间的文化差异体现在社会生活的方方面面,并由此对口译带来一定的影响。因此,在进行英语口译教学的过程中,应引导学生深入体会中西方之间的文化差异,从而在两种语言之间实现信息的准确转换。

(一)日常交谈文化差异对英语口译教学的影响

在丰富的东方文化中,许多日常语言一直存在。在进行口译时,我们要怎样对这些语言进行翻译呢? 下面以一些情景对话为例,学习日常语言口译的方法。

当人们到集市去买米,要询问价钱时,不宜说:“你的米多少钱?”即“How much is your rice?”或者“What is the price of your rice?”也不宜说:

“你的米太贵了。”即“Your rice is too expensive.”

“你的米很便宜。”即“Your rice is very cheap.”

实际意思是:

“你卖的米多少钱?”即“How much is the rice you are selling?”或者“What is the price of the rice you are selling?”

“你卖的米太贵了。”即“The rice you are selling is too expensive.”

“你卖的米真便宜。”即“The rice you are selling is very cheap.”

虽然真实的意识是如此，但是说出来也不大好。较好的说法和译法应该是：

“这米多少钱?”即“How much is the rice?”或者“What is the price of the rice?”

“这米太贵了。”即“The rice is too expensive.”

“这米真便宜。”即“The rice is very cheap.”

另外，在美容理发店，常用到以下词语和句型。

头发 hair

理发 haircut

染发 dye

发型 hairstyle

这个发型很适合你。

This hairstyle suits you perfectly.

你理发后显得很精神。

You look much better after a haircut.

你的头发理得跟狗啃过似的。

Your hair looks like it has been bitten by a dog.

在打麻将时，某人可能会说：“你手气真好，每次打麻将都赢，真牛!”即“You've got a lucky hand. You win at every mahjong game. That is really marvelous!”

口译信息的来源以及传播渠道是多层次、立体型、交叉型的，由于口语转瞬即逝，口译要准、快、顺，如此才能确保交际双方更多的传递彼此的信息，充分沟通思想。因此，教师应经常带领学生进行两种文化之间的比较，使学生不仅了解两种语言使用者的历史、习惯、动态、风俗、经济等，而且还需要熟悉他们的情感、政治、科技、社会组织等。

(二)称谓和姓名文化差异对英语口译教学的影响

在口译的过程中,经常会遇到一些称谓的口译。例如,husband 一词可表示:丈夫/爱人/先生/老公/男人/孩子他爹/孩子他爸等意思。wife 可译为汉语中的:妻子/老婆/爱人/太太/内人/女人/媳妇儿/贤内助/孩子他妈/孩子他娘/家里那位。

口译英语人名时,应尽量使译出的目标语的读音与源语的读音达到最为接近的程度,同时尽量避免有某种含义,尤其是有歧义的词出现。例如,美国总统 Bush,在中国内地人们通常译为"布什",而中国台湾、中国香港地区以及美国常将其译为"布希",两者翻译发音相近,也没有什么特殊含义,两个翻译均可取,因此 George W. Bush 即可译为乔治·W. 布什或乔治·W. 布希。

众所周知,中国有百家姓,但使用和口译某些姓名时,往往会造成不必要的误解和不快,至少不应让听者听起来不舒服,如"朱""牛""杨""王"等。若将英语:You are Xiao/Lao Wang, aren't you? 直译为汉语:"你是小(老)王吧?"就犯了一个严重的忌讳。因为"王吧"与"王八"即英语中的 turtle 同音,所以应尽量避免,否则会使听者很难接受。同样,"牛头""牛伟""牛奋"的发音,似乎听起来也有 ox head, ox tail, ox excretions 之意。再者,"姬"的汉语发音与"鸡"十分相近,因此与有些名字的组合同样应该避免。

(三)爱情文化差异对英语口译教学的影响

随着西方欧美国家社会的发展,人们越来越少地使用粗俗的语言。例如,随着同性恋人数的增多,使 gay 即"同性恋者",homosexual 即"同性恋",sexual harassment 即"性骚扰"等成了现代西方社会的时髦用语。又如:

dear 亲爱的

honey 宝贝/亲爱的

love somebody very much 热爱某人

fall in love with somebody 爱上/爱恋某人

green bowers 青楼

red light district 红灯区/花街柳巷

go-between/pimp 皮条客

在东方文化中，涉及许多情爱的词语，对于这些情爱词汇的口译，同样是一个不得不面对的问题。例如：

爱情 love

恋爱 amativeness/love with each other

帅哥 handsome boy/handsome brother

拥抱 embrace/hug

房事 house thing/sexual intercourse

吃醋 envy/jealousy/sour grapes

计划生育 birth control/family planning

戴绿帽子 cuckold/wearing a green hat

恭喜，恭喜！愿你们白头偕老！

Congratulations! May you remain a devoted couple forever!

这只是一点心意，祝你们永远幸福。

This little gift is intended to show my wishes for your eternal happiness.

三、跨文化视域下英语口译教学的方法

在英语口译教学过程中，教师应重点关注口译策略的教学，即将策略教学放到课程中进行，并在口译专题实习中有针对性地强调学生口译策略的练习和提高。概括来说，教师可从以下几个方面入手。

（一）表达策略教学法

表达，即译员将加工处理后的信息用目的语口头表达出来的过程。表达是口译过程的最后一个阶段。译员准确的发音、清晰

的吐字、流利的表达均对听众理解讲话人的思想有重要意义。

(1)在口译过程中,很多口译人员为了缓冲口译压力,常添加一些自己的词语。例如,用英语交流时,会不断使用 actually,you know 等词;用汉语交流时,会无意识地不断使用"问题""然后""这个"等词语。从专业的角度来讲,过多的使用有害无益。这会影响句子的简洁性,所以要避免使用这些词语。

(2)表达要尽量清晰流畅,避免用语模糊。主干成分尽量少用没有实际意义的虚词,如"这个""那个""那么"等。句子与句子之间要保持连贯,段落与段落之间也要保持连贯,这些都是由过渡词来成就的。

(3)有力、肯定的声音能引起人的注意,增加内容的可信度,而语调低沉、声音平平会降低听众的兴趣。因此,要注意口译声音的把握。

(二)笔记策略教学法

记忆,即将听解获得的语码信息暂时储存、记录下来。口译过程主要依靠的是短期记忆,所以在平时的记忆训练中应该将重点放在短期记忆能力的练习与提高上。

短期记忆即信息保持在 1 分钟以内的记忆,其特点是存储时间短,一般为 5 秒至 30 秒,最长不超过 1 分钟。短期记忆就是"脑记",其比较适用于记录简短的信息,且越容易的信息越易于记忆。但人脑的短时记忆并不会完全帮助译员,所以译员就必须再采用"笔记"的手段进行记录,记录下长段的、大量的和细节方面的信息。

教师应向学生传授"脑记+笔记"的方法,尽可能将所听到的信息完整地记录下来。但无论是采用"脑记"还是"笔记",所记录的内容都主要是信息的概念、主题、论点、情节、要点、逻辑关系、数量关系等,而非信息的表现形式。也就是说,应采取网状式的整体记忆,只记录重点内容,不记细节,以辅助口译的顺利进行。

1.笔记对脑记的作用

具体来说，口译笔记有下面几个作用。

(1)口译笔记的记录过程能帮助学生集中注意力，排除外界因素的干扰。

(2)口译笔记能有效减轻大脑的负担，辅助短期记忆，避免遗忘漏失。

(3)口译笔记通过符号、图形、标记、版面分割的综合运用，辅助分析、理解语段信息及其内在逻辑关系，有助于把被动记忆转化为主动记忆，是一个高效的思维整理过程。

(4)口译笔记帮助还原讲话人信息，大大提高口译的效率与准确度。

2.笔记的注意事项

(1)少写多画

因为汉字的笔画较多，写起来耗费的时间较多，所以尽量少用汉字做笔记。而线条以及符号等非常简洁，写起来就省时多了，并且它也很形象，一看到这种线条就能反映出它所代表的含义。所以，在口译时画线是效率最高的笔记方式。用符号做笔记是一种较为巧妙的方式，它书写起来也很快，并且它也具有灵活性和形象性，口译界已经有大量的约定俗成的符号。例如：

→ 出口，出国，输出，到达，派遣，前往，运往，导致

↑ 增长，提高，扩大，发展，加强，升起，上涨，起飞，升空，晋升

? 问题，疑问，问

＋ 加上，另外，除此之外；说，讲，告诉，认为，宣称，声明，抗议，譬如，像

～ 交流，交换，替代，相互

＝等于，相当于，是…的对手

. 观点，意见，主意，论点，难点

// 停顿/停止，终止

⊙ 会议，开会，讨论，谈判

>< 对立，冲突

(2)少字多意

无论是在汉语还是在英语中，都可以用缩略形式代替整个词语的意思。在汉语中，很多意思是由词语而不是单个的字来表达的，在口译笔记中，可以尽量用一个字代表它的意思，如用“中”代表“中国”。而在英语中，可以用几个字母代表整个单词的意思，如用 poli 代表 politics，用 gov 代表 government。在口译界有一些缩略语已被广为接受。例如：

y：year”

indy：information industry

国标：国民经济发展指标

物精：物质文明与精神文明

优 x：优越性

JV：合资企业

BCS：because

ATT：attention

SERV：service

less：LS

ment：MT

ed：D

ize：Z

ful：FL

(3)快速书写

口译笔记是做给自己看的，只要自己能够理解就行，所以可以减少笔画或者连笔书写，这样能够节省时间。有的汉字经过减笔、连笔书写后，不影响辨认，因为它们已经为大众所熟知，而英文的连笔书写更是常见之事。就中英文的比较而言，口译笔记宜多用英文书写，这样比较省时省力。

(4)纵向书写

在做口译笔记时，尽可能地避免横向的书写，而选择纵向的书写。因为从上向下的阶梯结构能够体现出语篇的逻辑结构，从而简化口译员的思维过程，进而提高其口译的速度。

(5)明确结束

在口译发言人的前一段话和后一段话时，前一段话的终点就成了后一段话的起点，此时需要用一条横线在中间明确结束。一段完整的语段之后，最好都这样处理，以免混淆。

(三)数字口译策略教学法

数字携带的信息量较大，并且数字之间缺乏一定的相关性，所以在语境中的数字也是难以预测的，这就给口译增加了难度。

1. 英汉语单位数字的读音差异

英语以三位数为单位，汉语以四位数为单位。例如：

6 679 220 000

汉语：六十六亿七千九百二十二万

英语：six billion, six hundred and seventy-nine million, two hundred and twenty thousand(6,679,220,000)

2. 百分数、分数、小数的读法

(1)百分数的读法

百分数用 percent 表示。例如：

90% ninety percent

20.09% twenty point o nine percent

(2)分数的读法

分数词是由基数词与序数词合成的，分子用基数词表示，分母用序数词表示，如果分子大于 1，分母的序数词要用复数形式。例如：

1/5 one-fifth

8/12 eight-twelfths

对于比较复杂的分数，用 over 来表示分数线，以便让听众能明晰分子和分母，如 20/87 读作 twenty over eighty-seven。

(3)小数的读法

小数点读作 point，小数点后的数字依次读，小数点前的数若为 0，读作 zero 或 not，也可略去不读；小数点后的 0 则读英文字母。例如：

3.978 three point nine seven eight

0.476 (zero/not)point four seven six

3. 年代、世纪的读法

(1)年代的读法

年代用“基数词的复数”来表示。例如：

in the 1750s(18 世纪 50 年代) in the seventeen fifties

in the 1690s(17 世纪 90 年代) in the sixteen nineties

在年代前分别加 early，mid，late 表示某年代的初期、中期、末期。例如：

in the early 1770s

in the late 1660s

(2)世纪的读法

世纪用 the＋序数词＋century 表示。例如：

在 21 世纪 in the 21th century

在 17 世纪中叶 in the mid-17th century

第八章 跨文化视域下的英语教材编写

教材是教学活动中的重要要素。一套好的教材有利于提高教学的有效性。因此，在跨文化交际背景下，英语教材应体现交际的思想，体现跨文化交际的需要。本章就跨文化视域下英语教材编写的相关内容进行研究与论述。

第一节 当代英语教学中教材的现状

近年来，虽然英语教材编写取得了显著的成就，但是依然存在一些问题，现状不容乐观。英语教学中教材的现状主要体现为以下几个方面。

一、单套教材数量过多

单套教材的数量过多，既造成了资源浪费，又给学生增添了经济负担。

目前，在所有大学课程教材中，大学英语教材数量是最多的。一般情况下，每套大学英语教材至少分为精读、泛读、听说教程、快速阅读、语法练习等，教材数量众多，为学生加重了负担。实际上，除了在课堂教学中使用的精读和听力教材外，其他教材的使用率都很低，没有考虑到教学与学生的需要。

二、教材中错误较多

目前,英语教材中经常出现各种错误,如英语语言错误、课文解释错误、翻译错误、印刷错误等。这些错误除了出现在一些使用不太广泛的教材中,甚至在一些国家级精品教材中也会出现。教材中的错误既降低了教材的质量,又阻碍了知识的准确传播和严谨的学术精神的传承。造成教材错误的原因主要有编写人员水平参差不齐,编写过程中缺乏良好的协调;没有请以英语为母语的外国专家进行认真的审稿;编辑没有严格把关等。

三、教材选题比较狭窄

从内容上看,英语教材的选题较为狭窄,主要趋向于人文类题材,多数主题为校园、家庭、爱情等方面。此外,教材中很多是叙事类作品,缺少科技类题材。

四、教材编写理念落后

从编写理念上看,英语教材很少采用最先进的外语教材编写理念。例如,我国的大学英语教材从核心编写理念上看主要以语法和阅读为主线,没有将国际流行的以内容为依托(CBI)的教材编写理念运用到教材编写中。

第二节 跨文化视域下的英语教材分析与评价

跨文化视域下的英语教学除了培养学生的语言能力,还应注意培养学生的文化能力。相应地,英语教材中就应体现这一思想。教师作为教材的使用者,要能对教材进行分析与评价,了解如何使用所确定的教材来实现教学目标。同时,教材的决策者与编写者还要将教材分析与评价方法作为重要参考。本节研究跨文化视域下的英语教材分析与评价。

一、英语教材评价的内容

在分析与评价英语教材时,评价者应考虑以下几个因素。

(一)客户

这里的客户指学生。学生类型不同,对教材的需求也有所不同。评价者应注意分析各类学生的特点,如正规在校学生、客居他乡的学生等。

(二)交际者

这里的交际者指教师。教师的个人因素,如性别、年龄、个人经历、教育背景、社会背景等都会对教材的使用产生影响。例如,中国教师与美国教师的文化背景不同,给他们使用的教材也应有所区别;即使不得不选用相同的教材,对他们如何使用该教材的期望也应区别对待。

(三)课文

分析与评价课文可以从以下三个方面进行。

1.视角

这里的视角是指将文化信息、要素、主题的形式呈现出来,还应将文化视为过程,注重培养学生的文化能力。前者与具体文化的学习相一致,后者符合普遍文化的学习目标。

2.内容

分析课文内容可以从多个角度进行。例如,就文化教学而言，是普遍文化内容，还是具体的文化内容；是仅仅关注文化本质的学习，还是将语言与文化结合起来；是主观、思想的文化呈现方式，还是客观、现实的文化呈现方式等。

3. 方法

这里的方法是指文化内容的呈现方法。方法可以是诸如讲解、讨论、案例分析等促进新的文化主题、模式以及行为的理解的方法，也可以是诸如课堂演说、角色扮演等使行为发生改变，提升能力。

(四)教材使用环境

教学环境在很大程度上会影响英语语言学习与文化学习，教材选择与评价应注意考虑教材使用的环境，如是目的语言环境还是学习者本族语言环境？是学校教育还是在职培训？

上述四个要素对教材的选择与评价不可或缺。其中，最为复杂的是与课文内容与教材本身的分析，其要求教材编写者与选用决策者调查并分析处于特定教学环境中的、某一学习者群体的学习需求；同时应了解语言与文化学习的有关理论、目标、内容、原则，最后将这些理论思想落实到教材的整体编排与每个单元的具体环节中。

二、英语教材对文化内容的处理

关于英语教材文化内容的处理，具体可以从以下几个方面进行。

(一)宏观文化层面

宏观文化层面主要涉及社会、政治、历史等内容。英语教材对这一方面的文化内容的选择与处理十分关键。其原因主要有以下两点。

(1)社会政治问题一般与文化密切相关,可以体现较深层的文化内容。例如,对每个社会来说,失业问题都是难以避免的,但是不同的文化对待失业者的态度与经济措施也有所不同。中国是社会主义国家,在中国,下岗者一般会求助于原单位与其他机构,对集体的依赖性比较大,政府也会尽量为下岗者提供一些再上岗方面的培训,这些都是中国集体主义价值观的体现。而在美国等资本主义社会,政府会在一定时间内给失业者提供一定数量的失业救济金,但他们是否能重新就业则是个人的事情,如果关心过多可能会使失业者感到这是对他们独立生存能力的怀疑,这是美国个人主义的价值观与注重独立民族文化的典型体现。

(2)只有将具体的文化信息与文化活动置于特定的社会历史环境中才真正具有实际意义,否则可能成为过时的东西,失去存在价值。其原因主要有以下两点。

第一,文化的各个方面、各个层面构成一个统一的整体,它们相互联系,相互影响,不可分开处理。

第二,文化并非一成不变的,而是不断发展变化的,同一文化现象在不同时期,其意义可能也不同。所以,在学习文化知识的过程中,还应对其所处的历史背景有所了解,用发展的眼光对待文化学习。

(二)微观文化层面

微观文化层面主要指教材中人物的生活与活动。英语教材中人物的生活是对其代表的文化的直接体现,所以这些内容的选择与呈现有利于学生了解外国的文化。

具体而言,分析这些代表人物可以从以下几个方面入手。

(1)他们的社会背景,如籍贯、阶层、行业等。

(2)文化活动所涉及的主观思想,如个人观点、价值观、态度等。

(3)文化活动发生的场所,如校园、家庭、图书馆、超市等。

这些方面代表了文化的不同层面。一般而言,这些内容覆盖率越高,学生可接触的与目的语文化的内容与层面也会越多。

(三)国际性与跨文化层面

在跨文化背景下,英语教学不能局限于对具体文化的学习,而应以培养与来自任何文化的群体顺利交际的跨文化交际能力为目标。因此,英语教材中也应涉及国际性与跨文化层面的内容。

国际性与跨文化层面的内容主要指那些能唤起学生对一些反映文化共性和文化差异的国际问题的思考,能培养他们跨文化意义和跨文化交际能力的文章、问题和活动等①。

这一层面的处理可以通过文化对比的形式进行,一般是目的语文化或其他文化与学生本族文化之间的对比,也可以是不同文化之间的相互转换,可以借助媒体来了解不同文化的不同表现。经过对文化的对比,可以揭示文化差异,提高跨文化意识;经过反思本族文化与自己文化的参考框架,可以降低或消除本族文化的中心主义思想或对其他文化的偏见。

(四)教材编写者的观点与风格

教材编写者的观点与风格是学生进行文化学习的“催化剂”。在教材中,教材编写者可以表达自己的态度与观点,这些态度与观点在经过课堂活动设计之后可以激发学生进行思考、讨论。

需要注意的是,使学生意识到教材中的内容仅是作者个人的观点,不能盲目接受,同时引导学生带着批判性眼光对教材进行阅读与讨论。

三、英语教材中语言教学与文化教学的融合

跨文化视域下的英语教学不只是文化教学,更是语言教学,

① 张红玲.跨文化外语教学[M].上海:上海外语教育出版社,2007:270.

因此英语教材中应体现语言教学与文化教学的融合。

在跨文化背景下，评价英语教材应考虑其是否将语言教学与文化教学的内容有机结合起来。在英语教学中，语言教学内容与文化教学内容都应有全面、系统的处理。因此，教材编写者应从各个方面考虑语言与文化教学的需要，包括主题选择、章节安排、活动设计、练习编写等。

在教学内容的组织与安排方面，一套英语教材的单元结构可能依据语言功能，也可能依据文化主题，这两种教材的共同点是选取的阅读文化与讨论的内容符合文化教学的目标与内容，同时承载这些文化教学内容的篇章与教学活动要与语言教学要求相吻合，既注意学生的语言水平，又要符合外语教学的规律。

实际上，如何将系统的语言教学与系统的文化教学融合为一套系统的语言—文化教学的教材并非易事，这需要来自教育学、外语教学、跨文化交际学等多个领域的专家与教师的共同努力。

第三节　跨文化视域下的英语教材选用与编写

当前我国市场上可供选择的外语教材多种多样，有国家统编教材，有从国外引进的教材，还有一些为了满足社会上外语学习与考试需要而编写的教材等。这些教材编写所依据的理论不同，对语言与文化内容的处理也不尽相同。教学决策者与教师在选择教材时，应明确标准；教材编写者在编写教材时，也应遵循一定的原则；还应依据一定的程序进行。本节就跨文化视域下的英语教材选用与编写进行分析。

一、跨文化视域下英语教材选用与编写原则

在选用与编写教材时，教学目的具有决定性的作用。跨文化视域下英语教学的目的是培养学生的跨文化交际能力，这就要求

英语教材的选用与编写应遵循下面的原则。

(一)思想性原则

思想性原则要求英语教材的编写必须将英语知识的传授和能力培养与思想教育有机结合起来。

英语教材不仅是知识和能力体系的存在,其语言体系中也渗透着思想的内涵。语言是思想教育的载体,英语作为语言的一种,也是如此。

语言教学与思想教育相辅相成,语言教学使思想教育变得更加丰富深刻,思想教育则使英语教学变得更加生动活泼。可以说,如果把知识传授和能力培养视为"才"的教育,那么"德"的养成必然离不开"才"的教学。因此,知识的传授、能力的培养与思想教育三者之间是相辅相成的关系。如何实现三者的整合与统一是英语教学需要考虑的首要问题。三者的整合或统一主要体现在以下三个方面。

(1)学生自觉学习是实现英语知识传授的重要部分。学生的思想意识始终伴随着其学习和接受英语知识的全过程。首先,知识的建构离不开人的思想和意愿。这是因为学习是通过个体意愿的支撑而实现的,而学习意愿的产生、发展与个体的思想教育具有紧密的关系;并且个体学习英语知识的目的、动机、兴趣、态度和毅力的养成也受到思想教育的直接影响。其次,知识生成是认知的存在。知识是思想教育的基础,也是思想教育的载体。一定的知识生成一定的思想,思想教育的实现以知识为前提条件。

(2)英语语言技能以及能力的培养和提高一般是以认知和知识为基础的。一方面,在英语学习中,知识与技能可以相互迁移,程序性知识通常可以转化为技能和能力,可见英语语言能力与认知和知识直接相关;另一方面,英语语言能力的建构离不开情感,如果没有学习动机与学习情感,个体英语语言技能和能力的发展就无从谈起。

(3)英语学习和能力发展的过程是全语的操作过程。在英语学习中,听、说、读、写四项技能互相促进,共同发展。同样,知识、能力和思想教育也是一个统一体的三个方面。如果英语语言知识与能力的建构缺乏四项教育,将会对学生个性的发展造成不利影响。

(二)科学性原则

英语教材编写要遵循科学性原则,具体体现为以下几点。

(1)教材内容与教学要求应体现循序渐进的原则,即教材内容的编排要遵循由易到难、从简单到复杂逐步过渡的原则。内容难易度与教学要求之间的关系是需要教材编写者特别重视的问题。无论是教学内容简单而教学要求过高,还是教学内容复杂而教学要求过低都不利于学生的英语学习,从而影响教学质量。

(2)教材应根据不同阶段英语学习的特点,在教学内容和教学要求等方面各有侧重。不同年龄段和不同语言水平的学生,其学习特点和学习需要不同,编写教材时应注意这一点。例如,低龄、初级阶段的教材要重视语音基础的培养以及听说能力的培养,高级阶段的教材则应注重对读写能力和综合语言运用能力的培养。

(3)教材在内容、目标和要求等方面应具有一套完整的系统,全面体现课程标准的要求,使语言技能、语言知识、情感态度、学习策略、文化意识等目标相互结合、相互渗透、相互支持。

(三)真实化原则

教学材料要真实,即要求教学材料应是现实生活中所使用的,只有根据这些材料所处的语境,才能准确地理解其所传达的信息与意义。

教学材料真实化体现在两个方面:教学内容真实与教学活动真实。这就要求教学过程中所用的课文、对话,课堂上所进行的活动以及课后的练习等都尽量选用真实的语言与文化材料。

在英语教学中,真实的教学材料可以使学生的课堂学习与现实的生活以及真实的社会发生联系,这可以有效激发学生学习的积极性,同时使他们在面对真实的社会情景时,能学以致用。

此外,与专门为教学而设计的教学材料相比,真实的教学材料有利于刺激学生对所学习的内容与过程产生态度、心理、认知、行为等层面的反应,学生通过不断地体验真实的交际情景,不断反思交际过程,可以有效地提高外语交际能力。

(四)语境化原则

语境化原则具体包括两个方面:避免使语言形式脱离其所使用的环境而进行孤立的、纯语言的分析与学习;避免文化信息脱离文化意义系统而作为知识进行分析与学习。语言与文化是一个系统学习的过程,只有在特定的社会环境与历史背景下,才能正确地理解语言与文化的意义。因此,语言与文化教学材料应坚持语境化原则。

(五)文化种类多样化原则

在跨文化背景下,英语教学应要求学生除了学习目的文化,还要深入了解本族文化与自身的文化参考框架,也要了解其他以英语为母语、第二语言或外语的国家的文化,培养学生的跨文化意识,使学生能流畅地使用英语进行跨文化交际。

这些关于目的语文化、本族文化以及其他文化内容在教材中所占的比例与处理方式应根据不同阶段的语言与文化教学的重点、学生的认知发展水平等因素来考虑与确定。

需要说明的是,不同文化内容在教材中并非孤立存在的,而往往被放在一种跨文化对比的环境中,同时应注意将文化内容和语言内容有机结合起来。

(六)语言内容与文化内容相结合原则

跨文化视域下英语教学的核心思想就是语言内容与文化内容有机结合。在教材中,教学一般以系统的文化主题为主线,实际上语言教学的内容与文化内容融合在一起,这里关键是应注意根据语言学习的目标以及学生在一定阶段的文化学习来选择合适的文化主题与材料,设计合理的活动与练习。

需要注意的是,虽然文化学习的内容和活动与语言学习的内容和活动在很多情况下都可以结合起来,但是根据具体情况,相对独立的文化学习与语言学习的内容和活动也是被允许的。

(七)学习任务与活动个人化原则

要坚持学习任务与活动个人化原则,教材设计者要确保语言和文化学习与学生自己的生活和经历紧密联系在一起,多提供机会使学生可以表达自己的看法。

具体而言,教师应注意从教材中选择具有相关性的文化主题,提出相应的问题,使学生对自己的个人体验进行反思,设计一些教学活动让学生讨论,互相交流,充分发挥学生的潜力。个人化的问题与活动应根据教学需要以及学生的年龄特征来设计,可以是与日常生活相关的简单问题,也可以是对世界观、价值观等深层文化的认识与思考。

(八)学习活动与练习多样化原则

学习活动与练习是教材不可或缺的一部分。跨文化视域下英语教学的主要任务是培养学生的交际能力,因此学生要参与到学习活动中。跨文化视域下的英语教学涉及诸多层面的内容,如知识学习、态度转变、能力提高等,这就要求教材编写者综合考虑多方面的因素,设计出丰富多样的练习与活动。

需要注意的是,应把握好学习活动与练习的难度,使对学生的支持与挑战(support and challenge)保持平衡。只有二者平衡,才能最大限度地优化学习过程，支持过多，学生得不到锻炼；挑战过大，容易挫伤学生学习的积极性。无论是哪种类型的学习活动与练习都应遵循循序渐进原则，从有指导、有组织的活动逐渐过渡到自由、开放的活动。

（九）具体文化内容具有现实性与代表性原则

教材是学生学习外国文化的一个重要途径。所以，教材只有全面、客观地描述外国文化，才能保证学生可以准确地理解外国文化，实现跨文化视域下英语教学的目标。

评估教材文化内容应注意现实性与代表性，具体要求如下。

(1)选择的文化内容与活动是该文化的真实写照。

(2)来自不同社会背景的人们的生活方式与思想感情都有所体现。

(3)对不同社会场合的文化活动都有描述。

(4)使学生意识到文化是动态的，它在不断发展变化，说明所呈现文化内容的时代背景，将最能代表当今目的语文化的内容传达给学生。

（十）抽象文化与具体文化学习相结合原则

抽象文化内容也是跨文化视域下英语教学目标与内容的一个重要部分。抽象文化包括文化的普遍规律与作用、文化学习的方法与技能、跨文化交际的特征等。由于文化种类多种多样，学习完所有的文化是不可能的。因此，学生了解与掌握文化学习的方法以及跨文化交际的普遍规律显得十分必要。这就要求教材编写者使用圈内人的视角(emic perspective)对具体文化进行描述时，还应注意采用由抽象到具体、由理论到实践的视角，选用或设计相关的内容与活动，引导学生对文化的普遍特征、跨文化交际的规律等进行分析、总结。

除了上述原则，跨文化视域下英语教材的选用与编写还应注意以下几个方面。

(1)应对各个教学阶段的教材进行统一规划,形成一个整体,避免教学内容重复或遗漏。

(2)灵活组织教学内容,灵活设计教学活动,这不仅有利于教师根据具体教学需要与学生特点来调整,而且便于因材施教,学生也可以根据自己的需要与学习风格,自由选择学习与实践,实现教学目标。

(3)为了更好地适应时代发展,英语教材可以充分利用网络技术与计算机多媒体,确保教材的真实性与现时性。

(4)对教材的最终评价源于教师与学生在课堂与课外的实际使用,只有以教师与学生的反馈为基础,教材才能逐渐得到完善。

二、跨文化视域下英语教材编写的程序

跨文化视域下英语教材的编写可以依据以下程序进行。

(一)确定编写指导思想

教材作为传授知识的主要载体和学生学习的工具,应以先进、科学的教学思想作为其编写指导思想。

我国教材的指导思想一般依据教学大纲或课程标准来确定。教学大纲或课程标准作为英语教学的指导性文件,是根据国家课程计划规定的英语课程的目的、任务及课时安排等编写的,不仅具体规定英语课程应传授的知识、技能的范围和深度,而且对教学进度、教学要求以及评价方法等也提出了相关规定,有时还会提供一些值得借鉴的教学方法。

对现行教学大纲或课程标准进行分析研究,并在此基础上确定教材的编写指导思想,是教材编写者的首要任务。

(二)调查并分析使用对象的需求

英语教材作为体现英语教学大纲要求和英语课程设计要求

的重要媒介,既要符合教学大纲的宏观要求,符合英语教学的客观规律,又要充分满足教材的使用对象的需求。为此,在编写英语教材前,对使用对象做需求分析十分必要。

需求是指学习者将来使用语言的客观需要,简单来说,就是学习者为了在目标场合有效地使用语言,必须掌握的语言知识和技能。需求分析的基础是信息收集。

就英语教材编写的需求分析而言,信息收集来源主要有以下几种。

(1)来自教师的信息。

(2)来自学习者的信息。

(3)来自社区的信息。

(4)来自家长的信息。

(5)来自教育研究者和教育专家的信息。

(6)来自教育政策制订者和教育行政部门管理者的信息。

当然,需求分析中最重要的信息仍是有关学习者的信息。关于学习者需求分析的信息主要包括以下几个方面。

(1)学习者将来使用语言的场合以及使用语言的对象。

(2)学习者将来使用语言的目的。

(3)学习者将来用语言进行交际的方式。

(4)学习者将来需求达到的语言水平。

此外,需求分析还应调查学习者目前的情况,如学习者的现有外语水平、他们想学什么、他们能学什么等。

需求分析需要在收集信息的基础上,从不同的角度剖析学生的学习目的、学习内容、学习条件、学习过程、学习心理等方面的特点。

为了使需求分析具有较强的可操作性,哈钦森和沃特斯(Hutchinson & Waters)设计了两个需求分析框架,如表 8-1 和表 8-2 所示。

表 8-1 学生目标需求分析框架表

学生为什么需要学习英语?
—为了学业;
—为了就业;
—为了培训;
—其他原因,如考试、晋职等。
学生将来以什么形式运用英语?
—所需技能:听、说、读、写;
—交流方式:面对面交流或电话交流等;
—内容:学术内容、非正式交流、技术资料以及产品目录等。
学生将来在哪些领域运用英语?
—运用领域:如医学、生物学、建筑学、运输、商业以及工程等;
—所需语言程度:初级、中级或高级。
学生使用英语面对的对象是谁?
—以英语为母语的人还是不以英语为母语的人;
—使用对象的关系:同时、师生、上级或下级等。
学生将来在什么场合运用英语?
—客观场所:办公室、饭店、车间、图书馆等;
—社交场合:会议、展示会、电话交际等;
—语言环境:国内、国外。

(资料来源:程晓堂,2002)

表 8-2 学生信息需求分析框架表

学生为什么学习英语课程?
—必修还是选修;
—是否有明确的目的;
—学习者是否与学习者的地位、经济利益等有关;
—学习者对学习结果有什么样的期望;
—学习者对英语课程的态度是积极的还是消极的。
学生如何学习?
—他们的教育背景如何;
—他们对教和学有何看法;
—什么样的教学方法对他们比较有吸引力;
—他们不喜欢什么样的教学手段。

续表

学生有哪些学习资源?
—教师的数量和业务水平;
—教师对英语课程的态度;
—学习资料;
—辅助设施;
—课外活动的条件。
学生背景情况如何?
—年龄/性别/国籍;
—他们已经学了多少英语;
—他们有哪些方面的学科知识;
—他们有哪些兴趣;
—他们来自什么样的社会文化背景;
—他们已经习惯哪些教学风格;
—他们对英语以及对英语国家的文化持什么态度。
课程的时间是怎样安排的?
—频率:每天一次/每周一次;
—全日制/业余;
—时间段:上午/下午。

(资料来源:程晓堂,2002)

表 8-1 和表 8-2 两个需求分析框架表是根据学生的实际情况对框架中的问题进行的逐一回答。当然,由于英语教学环境和课程情况千差万别,以上分析框架不一定适合所有情况下的需求分析。教材编写者应当根据实际情况选择信息接收方法和需求分析方法。此外,在具体操作过程中,还需要设计一些具体的需求分析工具,如课堂观察手册、调查问卷、访谈提纲等。

需要指出的是,需求分是一个动态的过程,即需求分析应随着课程的具体进展而进行反复、连续的分析(Richterich & Chancerel,1987)。此外,现代社会需要的是应用型、复合型的英语人才,这就要求需求分析应将学生的需求和社会需求相结合,参考社会需求,了解学生需求,实现教学手段的多元化,最终培养出专业化、多元化的英语人才。

(三)选择科学合理的教学方法

教学法与教材关系密切。可以说,选择科学、合理的教学方法是教材编写的关键所在。

在近代英语教学的发展历史中,英语教学方法一直是众多学者极为关注和重视的研究内容。不同学者经过研究曾经先后提出过几十种教学方法。其中,比较有影响的教学法流派有语法翻译法、直接法、自觉对比法、自然法、全身反应法、情景法、听说法、认知法、沉默法、暗示法和交际法等。这些教学方法都有各自的优点,也都有不足。英语教材编写中最理想的做法是博采众长,扬长避短。

英语教学实践证明,在教材编写的过程中,如果能够做到以一两种教学法为主要教学方法,同时吸收其他方法的优点,不仅可以使教材具有足够的多样性,还可以保证教材的系统性。

此外,随着社会的发展,社会对英语人才的要求也会有所不同,因而不同社会背景下的英语教材所选择的教学方法也有会有区别。从目前国内外英语教材的发展趋势来看,人们更加倾向于选择以学生为中心、以任务为主线的教学法思想。以学生为中心,就是教材中的教学活动要坚持以学生为主体;教学活动由以教师做的事情为主转变为以学生在课堂中做的事情为主;教师在教学中起组织、引导、帮助和监控的作用。

当然,无论采用何种教学方法,教材的教学活动的设计要围绕达到活动的目的设计。此外,教材设计的活动的要求、难易程度要基本符合学生的水平和能力,难度不要过高,也不要过低。

(四)确定编写基本理念

在研究教学大纲或课程标准的基础上,教材编写者"要结合教材使用对象的情况以及教材使用地区外语教育发展水平的实际情况,明确教材编写的基本理念,明确教材总的教学目的、教学目标和教学要求,从而为教学材料的选择、内容的安排以及活动的设计等提供参考依据”①。

前面已经提到，英语教材编写的指导思想主要依据教学大纲或者课程标准。同样，教材编写的主要理念一般也是来自于教学大纲或者课程标准。

（五）规划教材的组成部分与内容

1. 确定教材的组成部分

随着现代教育技术的迅速发展及其在英语教学中的广泛应用，教材的含义也已经不再仅仅指一本教科书，英语教材已不再局限于文字教材，而是以教科书为核心的立体教材体系。

现代英语教材体系包括学生用书、教师用书、练习（活动）册、同步听力或阅读材料、语法和词汇手册、抄写本、卡片、挂图、简笔画册、幻灯片、录音带、录像带、投影片和多媒体光盘等。可见，现代英语教材是图文并茂、声像结合的立体教材。这就要求教材编写者从一开始就应对整套英语教材做出整体规划，设计立体教材，从多种角度、利用多种媒介为学生提供多种学习形式和学习渠道，使不同学生充分发挥出学习潜力，提高学习效率。

这里所提倡建立的立体教材首先必须明确以下两个问题。

（1）立体教材的各个组成部分，除了要在学习形式、媒介方面做到多种多样之外，在内容上也应力求多样性，同时要在教学目标、教学要求等方面各有侧重。总之，建立立体教材体系，并不意味着利用不同的媒介形式向学生重复呈现同样的教学内容。

（2）建立立体教材体系，并非是指着每一种教材都必须配备体系庞大的辅助材料。建立立体教材是为了提高英语教学的效果和效率，因此辅助材料不仅要具有实效性，同时避免给学生带来太多的学习负担。此外，辅助材料应注意其使用与保管的便利性，还应在学生的经济承受能力之内。

---

① 程晓堂，孙晓慧. 英语教材分析与设计（修订版）[M]. 北京：外语教学与研究出版社，2011：132.

所以，教材编写者在设计立体教材时，要考虑哪些材料是必备的，哪些是选用的，并在教材中明确说明哪些是必备材料、哪些是选用材料，从而为教师和学生根据自己的需要和购买能力选购提供参考。

2. 规划教学内容

规划教学内容，即明确总的教学内容，然后把教学内容合理地分配、安排在各册(级)教材中。

规划教学内容一般包括以下步骤。

(1)明确总的教学内容

总的教学内容是指语言知识、语言技能等方面的整体框架结构，如语音、语法、词汇、功能、话题等语言知识，听、说、读、写、译等语言技能，以及与语言学习有关的知识或技能，如文化、学习策略等。

(2)分配教学内容到各册(级)教材中

在确定总的教学内容后，编写者就要根据教材使用对象的接受能力、现有水平以及英语课程开设的学时和课程频率等，把教学内容均匀、合理地分配在各册(级)教材之中，如表 8-3 所示。

表 8-3　教材内容分配表

	听	说	读	写	语音	语法	词汇	功能	话题	学习策略
一册										
二册										
三册										
四册										
……										

(资料来源：程晓堂、孙晓慧，2011)

(3)对各册(级)教材的各单元内容进行规划

在规划教材总体内容后，还应对各册(级)教材的各单元内容进行规划，保证各册(级)教材编写的顺利进行，保证教材的系统性,保证单元与单元之间的衔接、语言材料的循环再现。

(4)安排各课内容

现代的英语教材内容,不仅分单元,而且各单元一般还要分成若干课。编写者在规划各单元、各课的内容时要结合总课时计划以及课时的安排情况。

教材的单元数通常需要与每学期的实际教学周数基本保持一致,每单元的课数也与每周的课时数基本一致。这样,每周完成一个单元的教学,每次课(即每学时)完成一课书。

(六)收集语言素材

如果说教材编写的指导教学思想、教学方法以及基本理念是构成教材的灵魂,那么语言素材就是构成教材的血肉。收集语言素材在教学编写过程中起着重要作用。

收集语言素材应做到以下几点。

(1)英语教材选编的语言素材应是正确、规范的英语。我国国内英语素材比较有限,部分教材编写者有时不得不自己编写语言素材。由于有些编写者英语水平有限,所编写的教材中可能会出现不规范、不正确的语言材料,不利于学生的英语学习。

(2)教材应使用真实、地道的英语。在英语中,人们从不用teacher一词称呼教师,而在我国英语教材中,诸如“Good morning,Teacher Zhang!”这样的说法时常可见。这种语言虽然不能说不正确,却不是地道的英语表达方式,不利于学生学习到地道的英语。

此外,英语教学的目的是培养学生在实际情景中的英语综合运用能力。因此,英语教材中选用的语言在应是有意义的。学生只有接触有意义的语言,学习真实的语言,才能逐渐提高在真实语境下的语言应用能力。

(3)教材选用的语言素材应紧密结合学生的实际生活。为了激发学生对英语学习的兴趣,使学生能够将课堂上学习到的英语运用到其实际生活中,英语教材选用的语言应考虑学生的兴趣与爱好，符合学生的生活实际。

(4)教材选用的语言素材应具有多样性特点。这就要求编写者在选择教材的语言素材时，做到以下几点。

其一，选用不同英语国家地区的英语，使学生接触、体验到不同风格的英语。

其二，在以标准语为主要语言素材的前提下，做到正式语与非正式、口语与书面语兼备。

其三，在选择话题、题材和体裁等内容时，应尽可能做到丰富多样，扩大学生的视野。

此外，教材选用的语言素材应具有普遍性，也就是说，教材选择的语言应是大多数英语国家人士使用的语言，而不是极少数人士使用的语言。

(5)教材应避免选择过时的内容，使语言素材具有时代感，确保语言的新颖性。教材中所选的内容应将真实性、实用性、趣味性和科学性结合起来，这样学生在学习教材内容的过程中，才会在文化知识、道德修养、科学常识及社会生活等方面都有所收获。

此外，为了培养学生的跨文化交际意识，教材所选的内容应尽可能地体现跨文化原则，也就是要注意反映中外文化传统各自的特点以及中外文化的异同。

(七)编写教材

上面所介绍的六个步骤的工作是为编写教材所做的前期准备工作。前期准备工作基本完成后，即可开始各单元的编写工作。

在编写英语教材过程中，编写者要注意以下几个问题。

1. 版面安排

版面安排是否科学、合理、美观，对教学质量会产生一定的影响。无论是为了视觉上的美感，还是为了教学，教材的版面安排都不宜太拥挤或有太多的空白。同时，在一个版面上，文字和插图的比例要适当。

此外,如果根据教学要求,学生必须在课本上书面作答,在安排版面时应给答案留有足够的空间,避免给教学带来不便。

2.活动设计

现在的大多数教材通常以活动教学为主,设计具体的教学活动是教材编写过程中最重要的环节。活动的教学指令显得非常重要。如果活动的指令不清楚,学生在完成任务的过程中就会感到无所适从。例如:

Find the best answers in pairs:

Shall we meet inside the park?	Good idea!
Shall we meet outside the gate?	No,let's go at a quarter to.
Shall we go at half past twelve?	No,let's go a little earlier.
Shall we leave at a quarter past ten?	No,let's meet at the zoo.
Shall we have supper at six?	No,let's go and see the pandas.
Shall we climb that hill?	No,let's finish our homework.
Shall we go and see the monkeys?	No,let's make it half past.

(资料来源:程晓堂、孙晓慧,2011)

该活动的设计意图是为了让学生把左右两栏的句子搭配成一问一答的简短对话。但是由于指令不清楚,学生可能会以以下几种方式完成这个活动:"两个学生各自寻找答案;学生 A 看左边的一栏,学生 B 看右边的一栏,学生 B 根据学生 A 的问题作答;两个学生同时看左右两栏,共同寻找最合适的答案。"①

上述三种做法没有正确和错误之分,但是其学习效果不同。此外,如果学生采用不同的活动形式,他们完成活动所需要的时间也不同,这显然不利于课堂教学的正常开展。

此外,这一活动还存在一个缺点,即学生找到正确答案后如何标记答案并不确定,这种模糊性不利于检查答案。

① 程晓堂,孙晓慧.英语教材分析与设计(修订版)[M].北京:外语教学与研究出版社,2011:141.

在设计词搭配活动时，可把左右两栏的内容分别用数字及字母标上序号，要求学生找到正确答案后，把相应的字母填在括弧里。例如：

(1)Shall we meet inside the park? ()a. Good idea!

(2)Shall we meet outside the gate? ()b. No, let's go at a quarter to.

(3)Shall we go at half past twelve? ()c. No, let's go a little earlier.

(4)Shall we leave at a quarter past ten? ()d. No, let's meet at the zoo.

(5)Shall we have supper at six? ()e. No, let's go and see the pandas.

(6)Shall we climb that hill? ()f. No, let's finish our homework.

(7)Shall we go and see the monkeys? ()g. No, let's make it half past.

（资料来源：程晓堂、孙晓慧，2011）

总之，教材编写者在编写活动指令时，需要做到以下两点。

(1)学生根据活动指令知道要做什么以及如何做。

(2)学生根据指令知道如何表现或者如何标记活动结果。如果在学生用书中不便提供复杂的活动指令，则可以给出一两个示例以便学生理解指令，或者在教师用书中对活动步骤、要求做出相应的补充和解释。

3. 插图设计

插图是英语教材的重要组成部分。插图可以是美工设计的图片或者真实照片，在保证插图风格基本一致的前提下，允许教材有多种类型的插图。

在编写教材过程中，插图设计要注意几点：插图中的学生人物形象应尽可能接近学习者的年龄和生理特征；人物形象要有现代气息;人物形象要有适当的夸张和幽默;教材中前后单元中的人物尽可能保持一致。[①]

4. 开本大小

编写者在正式编写教材前,应首先确定开本大小,这样一方面便于合理安排教学活动;另一方面是因为如果教材编写完成后再更改开本大小,则要大幅度修改,甚至可能要重新设计。一个活动的内容一般应包含在一页书上,不宜分在两页或多页上。即使内容较多,也应尽可能安排在对开的两页上,便于学生完成任务。

现在的外语教材以 16 开或大 16 开的开本形式为主,这两种开本形式有以下两个优点。

(1)可以减少学生翻页的次数。如果开本太小,每页编排的内容有限,不仅增加单元和课的页数,还会增加学生在课堂上翻页的次数,而频繁翻页将会降低学生使用教材的有效性。

(2)便于图文的排列。现在的英语教材常采用图文并排的形式,且有的插图占用版面较大。如果教材的开本太小,则不利于图文并排。

① 程晓堂.英语教材分析与设计[M].北京:外语教学与研究出版社,2002:101.

第九章 跨文化视域下的英语教学测试与评价

英语教学测试与评价能够为教学质量的检验提供重要参考，是英语教学中不可或缺的重要组成部分。值得特别说明的是，在当今国际交流日益深入的时代背景下，将文化因素与英语教学测试进行有机结合，对于全面提升学生的跨文化意识与跨文化交际能力大有裨益。本章就对跨文化视域下的英语教学测试与评价展开论述。

第一节 教学评价简述

教学评价是衡量教师的教学效果与学生的学习情况的重要指标，能够为后续教学活动的顺利进行提供指引与参考。本节就从定义与分类两个层面对教学评价进行简述。

一、教学评价的定义

要想知道什么是教学评价，首先需要弄清什么是“评价”。评价这一概念是由泰勒（Tyler）提出的。对于评价的定义，不同的学者观点不同。但不得不说，从评价的定义被提出之日起，学者们就做出了评价和测试的区别。在很多学者眼中，评价是人类认知活动中的一部分，且是非常特殊的部分，它能够揭示出整个世界的价值，并对其进行创造与构建。

将评价的理念运用到教学之中就形成了教学评价。对于教学评价,中外学者的观点可谓见仁见智,但总体来说可以归结为以下四种观点。

(1)教学评价是一种有系统性地去搜寻资料,以便帮助使用者恰当地选择可行的途径的历程。这种观点的优点在于强调了教学评价在决策层面的作用,其弊端在于很容易让人产生教学评价等同于教学研究的观念。实际上,教学评价与教学研究存在着差异,它们的研究目的与侧重价值不同。在研究目的上,教学研究是为了获得结论,而教学评价是为了指导实践;在侧重价值上,教学研究是为了获取真知,而教学评价是为了获得价值。

(2)教学评价是一种将实际表现与理想目标进行比较的历程。这种观点认为教学评价内容、评价方法是对现实与预期的比较,具有较强的合理性。但是,这一观点对于教学效果的评价过分侧重,未考虑教学过程。因此,这一评价观点较为宽泛,让测评者很难把控评价内容的主次,因此也不可取。

(3)教学评价等同于专业判断。这种观点考虑到评价人员的主观性这一因素,认为教学评价的目的在于分清好与坏。但是,这一观点也是错误的、片面的,因为教学评价不仅是为了分清楚好与坏,还是为了找寻恰当的因素,对评价进行指导。

(4)教学评价等同于教学测验。这种观点是当前学者在教学测验的辅助下做出的认知。但是,教学评价与测验在本质上存在差异,因此将二者进行等同是错误的、片面的。这存在两个层面的原因。一是教学测验主要将数量统计作为重点,侧重于数量化,而如果有些教学事实不能做数量统计,那就不能称为教学测验,这恰恰违背了教学评价的定义。也就是说,教学评价不仅涉及数量分析,也涉及对事物性质的确定。二是教学实验将对教学现状的描写作为重点,目的是获得可观实施,而相比之下,教学评价将对教学情况的解释与评判作为重点。

显然,上述观点都有利有弊。笔者从这些观点中选取合理成分,对教学评价进行了界定:教学评价是基于教学这一对象,从教学规律、教学目的、教学原则出发，运用可行的技术和手段，来解释教学对象与目标的价值判断过程。①

二、教学评价的分类

根据不同的划分标准，教学评价的类型也不同。根据评价的基准，教学评价可以分为绝对评价与相对评价。根据评价的分析技巧，教学评价可以分为定性评价与定量评价。根据评价的主体，教学评价可以分为自我评价与他人评价。此外，根据评价的功能，教学评价可以分为诊断性评价、形成性评价与总结性评价。

就目前的情况来看，根据评价功能所进行的划分最具有说服力。下面从这一观点入手，对教学评价的分类进行详细说明。

（一）诊断性评价

教学评价中的诊断性评价是为了满足学生的需要，教师在课程开始之前对学生展开的情感、认知、技能层面的评价。②

诊断性评价的目的是在对学生的基础知识、基本能力有所了解的基础上，为教学提供必备资料，从而对学生的真实情况和问题进行诊断，以便为解决问题做好准备。

诊断性评价是在教学开展之前进行，这主要是为了测试学生的基本语言能力，并通过测试的结果，对学生分门别类地进行安置。有时候，诊断性评价也可以在教学中进行，目的是检测学生的学习问题和程度，确定阻碍学生某方面提升的因素。

诊断性评价具有如下几个方面的作用。

（1）对学生进行安置。

（2）对学生的学习准备程度进行监测。

（3）对学生产生学习困难的原因有所了解和辨别。

---

① 滕星.教学评价若干理论问题探究[J].民族教育研究，1991(2)：81.

② 林新事.英语课程与教学研究[M].杭州：浙江大学出版社，2008：219.

(二)形成性评价

1967年,斯克里文(G. F. Scriven)第一次提出"形成性评价"这个术语,后来很多学者进行了扩展和补充。

形成性评价又称为"过程性评价",指的是在教学过程中,对教师的教和学生的学进行的评价,从而了解教师的教学过程与学生的学习过程中存在的问题,评价教师的教学行为与学生的学习能力。

形成性评价的目的是对学生的学习情况进行改进,而不是对学生的成绩进行评定。对于教学过程而言,形成性评价非常重要,是一个持续性的评价。其涉及的内容也非常广泛,如评价学习行为、评价情感态度、评价学习心理、评价参与情况等。形成性评价能够对教学效果与学习情况有及时的了解,便于对教与学进行反馈。

1.形成性评价的作用

(1)强化学生的学习。

(2)对学生的学习起点进行确定,尤其是确定学生对内容的掌握情况,从而为下一阶段学习确立起点。

(3)为教师提供反馈信息,通过评价,教师可以获得教学反馈,从而更好地指导教学实践。

(4)对学生的学习进行改进,因为行成性评价反映出学生在学习中的问题和缺陷,因此教师可以根据这一情况对学生进行指导和纠正,从而改进学生的学习。

2.形成性评价的手段

实施形成性评价的手段有很多,主要包括以下几个类别。

(1)学习日志

学习日志与人们所熟知的日记不同。所谓学习日志,是指教师对学生日常学习过程所进行的记录,往往记录的是学生的学习行为和学习积极性。学习日志可以自己制作，也可以由教师制作，但是记录的过程是由学生自己完成的。

(2)专门调查法

专门调查法主要是为了调查学生的学习行为、学习活动、学习兴趣等，是一种有效地收集数据的方法。但是，专门调查法一般具有针对性，其主要采取访谈法或问卷法。

访谈法，指的是将调查者与被调查者放置在同一空间中进行面对面的交谈，从而获得相应的语言材料。访谈法的进行主要是利用“听”进行信息的收集，是一种直接有效的调查方式，具体可以分为个体访谈与集体访谈两种形式。个体访谈，顾名思义，就是通过面对面的交谈获得信息，这种调查方式详细、深入并且全面。集体访谈法是在集体中展开访谈，带有效率高、信息收集快的特点。需要指出的是，访谈法并不是完美的，也具有一些缺点。就语体教学来说，访谈法所收集的信息都具有正式的特点，因此其与日常交际也必然存在明显的不同。此外，由于在访谈之前，被调查者已经了解了访谈的目的，因此在具体的朗读与回答时会很谨慎，从而影响调查的结果。

所谓问卷法，就是将语言行为调查放在书面上来进行的一种方法，是一种利用“写”来收集语言材料的方式。问卷法的使用带有一定的要求，适合于规模较大、人数较多的调查中。调查法按照回答方式的不同，可以分为开放式回答和封闭式回答两种。开放式回答指的是在问题下方不直接给出答案选项，回答的内容也没有明确的规定与限制，被调查者从题目出发，将自己的见解自由陈述出来。封闭式回答指的是被调查者在题目下方的选项中选择自己认同的选项。

需要明确的是，开放性问题的设置一般需要保持中立，并在特定的语境中使用语言，问卷设计者可以为调查者设置一定的语境和背景。封闭式问题一般以可测标志为基础，从而为后续的定量分析提供一些便捷之处。

问卷法是调查法的有效方式之一，是信息转换的基本依据。

通过采用问卷法，人们不仅可以测出人们的语言掌握与运用情况，还可以测出人们如何看待事物。问卷法在实施过程中的优点表现在问卷法实施较为方便，可以给被调查者充足的考虑时间。此外，问卷法不受被调查者人数的限制。

但是，问卷法也存在自身的缺点。首先，样本往往很难收集回来，也往往缺乏代表性。其次，问题如果设置得非常模糊，那么被调查者的回答也非常模糊。同时，有些问题较复杂，问卷很难完全表明。

由于每种调查方法都带有自身的优缺点，因此在具体的调查过程中，一般是综合不同的调查方式，从而得到更加具有信服度的调查结果。

(3)观察法

观察法是通过观察被调查人的日常言语行为从而获得所需要的语言资料。这种方式是通过“看”进行的，可以分为隐蔽观察和参与观察两种方式。

隐蔽观察，指的是在不显露调查者的身份下对被调查者在不同的社会环境中的语言使用情况进行的观察。

参与观察，指的是调查者本身参与到被调查者的活动中去，在活动中对被调查者的表现情况进行搜集。

对比这两种观察方式可以看出，虽然二者的具体操作方式不同，但是都将被调查者放在了具体的语言环境中，带有较高的真实性。具体而言，观察法的优点表现在以下三个方面。

第一，调查法的操作较为简便，操作的灵活性较高。

第二，通过隐蔽观察的方式，可以了解被调查者一些不便说或者不能说的语言资料。

第三，对被调查者进行直接观察，提高了资料收集的直观性与真实性。

但是，调查法本身也存在着自身的缺点，表现在以下四个方面。

第一，通过参与观察的方式，被观察者的生活也许会受到一定的影响。

第二，观察所收集到的资料，其结果可能只是单个情况，很难被重复验证。

第三，调查法的观察并不能搜集到所有的语言现象和语言资料。

第四，调查法实施过程中，需要观察的事件并不是随时发生的，带有一定的随机性。

(4)学生自评

在形成性评价中，学生自评是一个常见的手段，也是非常重要的手段。这一评价方式符合以学生为中心原则。通过自评，学生能够将自身存在的问题挖掘出来，并努力寻求解决问题的方式。同时，教师也可以了解学生的学习状态与效果。

自评的内容有很多，如学习态度、学习过程、学习努力程度、学习方式、学习成果等。在自评中，教师并不是放任自流，应从评价目的出发，为学生制订自评表。此外，教师还可与学生沟通、讨论，了解与掌握学生的学习过程、学习态度与学习成果。

一般来说，自我评价的方式有两种：自评表与自我监控表。

自评表在自评中非常常见，有着非常高的效率，操作起来简单、方便。当课堂结束之后，教师可以将自评表发给学生，让他们针对本节课所学内容来进行自评。

自我学习监控表是对学生的学习过程进行监控的表格。在英语教学中，自我学习监控表也非常重要。具体而言，可以采取如下步骤。

第一，在使用自我学习监控表之前，教师需要将用途、操作形式介绍给学生，使学生能够轻松使用。

第二，在学习新单元之前，教师让学生根据自身情况，提前制订一个理想的学习目标，在自我学习监控表上填写好自己的预期目标。在学习中，学生可以对自己的学习进度进行监控。

需要指出的是，教师也不能撒手不管，而是需要参与其中，时刻提醒学生定时检查自己的目标与任务，为下一阶段的目标与任务提供指导意见。

(5)同学互评

在形成性评价中,同学互评也是一个非常重要的手段,这是因为学生与学生之间非常熟悉,也便于合作与沟通,避免产生尴尬。在同学互评中,合作与沟通是十分必要的因素,且由于学生不同,合作与沟通方式与态度也不同。当第一次进行同学互评时,教师可以采取一些辅助方法。

需要指出的是,同学互评需要遵循一定的原则。例如,在评论他人时,不能主观臆断,应该做到有理有据。为了体现公平与真实,教师应该让多人来评价某一位同学,通过分析不同学生的评语,来决定学生的优缺点。

(三)总结性评价

总结性评价又称为"终结性评价""结果性评价",是在某一阶段或者某一学期结束之后进行的评价。总结性评价的作用可概括为以下几个方面。

(1)对学生的成绩进行评定。

(2)证明学生某一阶段或某一时期的语言水平。

(3)为学生提供下一阶段学习的反馈。

(4)预测学生以后成功的可能性。

总结性评价具有以下几个方面的特点。

(1)就目标而言,总结性评价主要评价的是某一时期或某一阶段的教学情况,往往需要通过成绩来展现,从而为学生的下一步学习做铺垫。

(2)就评价内容而言,总结性评价具有较高的概括性,内容往往是知识、技能等的结合。

(3)就内容分量而言,总结性评价主要评价的是学生在某一时期或某一阶段对课堂内容的掌握情况,因此比较全面,分量较大。

在总结性评价中,测试是最常见的手段。下面重点对测试进行分析和探讨。

1.测试的概念

测试(test)又被称作“测验”。美国著名心理学家安妮·安娜斯塔西(Anne Anastasi)认为,测试其实是对行为样本进行的标准的、客观的测量。这一界定被认作是最权威、公正的。就这一定义而言,测试主要涉及三个要素。

(1)行为样本

所谓行为样本,指的是对语言能力表现行为进行的有效的抽取样本活动。在测试中,受试者往往比较广泛,加之每个受试者也有着自身的特点,所具有的语言能力也不尽相同。因此,测试无法涵盖受试者的全部表现,只能选择代表性强的样本进行测试,从而以这一检测作为依据,对受试者的语言能力进行评价与推测。

(2)客观的测量

所谓客观的测量,主要是对测量标准的强调,即标准是否与实际相符合。要想评定某一项测试是否具有客观性,可以考虑如下几点。

测试结果的有效性如何?

测试结果的可靠性程度如何?

测试题目的难易度和区分度如何?

这三个指标是对一项测试质量是否过关的重要衡量因素。

(3)标准化的测量

所谓标准化的测量,指的是测试的展开、题目的编制、对分数的解析等要按照一套严密的程序展开。只有进行了标准化测量,才能保证受试者的测试结果更具有有效性与真实性。

2.测试的手段

根据不同的标准,英语测试的形式也有所不同,具体而言可以划分为如下几种。

(1)按照评分的方式划分

按照评分方式的不同,测试可以划分为如下两种。

第一,主观性测试。主观性测试的题型有很多,如翻译题、简述题、口试等,且设计也非常容易,学生可以自由陈述自己的观点与想法,这是对学生语言运用能力的考查。

第二,客观性测试。客观性语言测试的题型较为单一、固定,主要有判断正误、选择、完形填空、阅读理解等。学生只需要在相应位置做出答案即可。这类测试存在猜测的成分,因此很难测量出真正的语言能力。

(2)按照测试的用途划分

根据测试的用途,可以将测试划分为如下几种。

第一,成绩测试。成绩测试主要是对学生所学知识的考查,通常包含上面所说的随堂测试、期中测试与期末测试。这都是从教学大纲出发来设定的。一般来说,大学英语四、六级考试也属于成绩测试,因为这也是从教学大纲出发设定的。但是,大学四、六级考试也属于后面所说的水平测试。①

第二,潜能测试。潜能测试主要用于评价学生的潜能或者语言学习天赋。潜能测试不是根据教学大纲来设定的,对学生掌握知识的多少也不在意,而是测试学生的发现与鉴别能力,可能是学生从未接触的东西。功能语言学在研究过程中主张使用预测法来了解语言运用情况。潜能测试是为了更好地发现学生的学习潜能,因此可以在应用语言学研究方法的基础上提升潜能测试的科学性。

第三,水平测试。水平测试主要是对学生语言能力的测试,即主要测试学生是否获得了语言能力,达到语言教学的水平,决定学生是否可以胜任某项任务。水平测试与过去的教学内容与学习方式并没有直接的关联性。

第四,诊断测试。诊断测试主要是对学生语言能力与教学目

① 刘润清,韩宝成.语言测试和它的方法(第2版)[M].北京:外语教学与研究出版社,1991:11.

标差距之间的确定，从而便于从学生的需求出发来设计题型。[①]诊断测试主要是课程展开一段时间后对学生进行的一定范围的测定。通过评价学生这段时间的表现，确定是否学到了应有的知识，进而发现教学中的问题，改进教学，力图做到因材施教。功能语言学带有综合性，这种综合性和诊断测试有一定的联系。诊断测试通过对学生的学习情况进行分析，可以综合了解到学生的语言学习情况和使用情况，便于日后教学的改进。

(3)按照学习阶段划分

按照不同的学习阶段，学习测试可以划分为如下四种，这是从一个学期来说的。

第一，编班测试。编班测试主要是为分班做准备的，是从学生入学考量的。通过进行编班测试，教师可以对学生的语言掌握情况加以了解，从而有助于教材的选择与安排。编班测试还会从学生的水平出发，将程度相似的学生编制在一起，进行统一化的指导，从而实现真正的因材施教。由于编班测试对于学生的差异性要求明显，因此在题型设计时应保证连贯与全面。[②] 在编班测试过程中可以采用应用语言学中的调查法和比较法，从而提高编班的科学度。

第二，随堂测试。随堂测试是指学生经过一段时间的学习后，对学生进行的小测试。这一测试一般时间短、分量少，形式多样。一般情况下，随堂测试的形式很多，如听写、翻译、拼写等。在题目设计时，应该保证适宜的难度。通过随堂测试，教师可以了解学生每节课的学习程度和语言使用情况，为日后教学改进打下良好的基础。

第三，期中测试。期中测试除了可以将教学大纲的要求体现出来，还会基于随堂测试，形成一定的系统。在进行期中考试时，教师往往会组织学生复习或者让学生自己复习，之后让学生参加统一考试。期中考试不仅让学生产生紧张感与阶段感，还能激发

① 武尊民.英语测试的理论与实践[M].北京：外语教学与研究出版社，2002：31.

② 崔刚，孔宪遂.英语教学十六讲[M].北京：清华大学出版社，2009：309.

他们进行独立思考,对知识形成一定的系统。

第四,期末测试。与以上三种测试相比,期末测试具有广泛的应用价值,也具有较长的时间跨度。一般来说,期末测试的目的如下:对学生某一时期的学习效果进行评价;促进学生系统地巩固知识;为下一学期的安排做准备。期末测试的题型应该从教学大纲出发,将本学期学生的学习内容反映出来,但是也不能完全照搬教科书,应该具有灵活性,从而更深刻地检测学生的学习情况。

第二节　外语测试中文化融入的意义

文化因素对于英语教学有着重要影响,并且其对教学的积极促进作用逐渐在教学目标、内容、手段中得以体现。这就要求作为检验外语教学效果的外语测试也应该考虑文化因素,即将文化因素导入外语测试中。具体来说,外语测试中文化融入的意义主要体现在诊断反馈、教学反拨、科研调查、人才选拔四个方面。

一、诊断反馈

文化测试与评价带有诊断反馈的功能,能够对学生的学习情况进行诊断,从而发现学生学习中的不足之处。通过文化测试与评价,教师能够及时收集测试结果,对学习问题的总结,最终针对不同学生制订不同的学习计划,帮助学生提高学习能力。

二、教学反拨

文化测试与评价具有教学反拨的功能,对英语教学有着重要的影响作用。

在文化测试与评价下,教师可以了解学生的具体学习水平,从而方便按照学生的不同需求进行教学计划安排，同时还可以诊断学生学习问题，进而调整教学计划。在完成一段时间的教学任务后，通过系统的教学测试，教师能够了解教学中的问题，从而更加有针对性地调整教学计划。

文化测试与评价是英语教学发展的需要，但是这并不是说文化测试与评价是英语教学的目的。英语教学的目的是提高学生的跨文化交际能力，从而使学生能够应对日常交际需要。文化测试与评价是一种科学的教学测量工具，能够对学生的英语交际能力进行客观、公正的评价，其最终的目的是服务于英语教学。正如英国著名语言测试专家艾伦·戴维斯(Alan Davis)所说，测试不是教学，我们能够而且坚持这样的想法，即测试的运用是有别于教学实践的，它应被看作一种提供信息的方法，而所提供的信息是科研运用于教学和其他目的的。①

三、科研调查

文化测试与评价还具有科研调查的功能。科研调查时教师教学的重要补充，其包含的方面十分繁杂。例如：

(1)调查在相同的大学英语学习环境下，为什么学生的学习效果有所区别。

(2)调查不同的教学方法对提高学生跨文化交际能力的影响。

(3)调查大学英语教材对跨文化交际能力的影响。

(4)调查学生跨文化交际的过程。

上述列举的只是文化测试与评价研究的一小方面，在具体的教学实践过程中，这些调查研究都需要跨文化交际能力测试结果作为参考。可以说，进行科研调查离不开测试。

---

①　黄大勇，杨炳钧. 语言测试反拨效应研究概述[J]. 外语教学和研究，2002(4)：288.

四、人才选拔

人才选拔是测试的重要功能，对于文化测试与评价也是如此。通过文化测试与评价有助于人才的选拔，对编班有着重要的借鉴作用。通过测试结果，教师可以了解学生的大致学习水平，从而将学生分入不同的班级中，避免因为学生学习水平不同对教学整体进度的影响。

第三节　英语教学中开展文化测试与评价的内容和方法

测试与评价是英语教学的一项重要组成部分，而在跨文化背景下，开展文化测试与评价也必不可少，且要求测试与评价的内容与方法都需要考虑文化这一因素。本节就来分别论述英语教学中开展文化测试与评价的内容与方法。

一、英语教学中开展文化测试与评价的内容

对文化教学内容的测试与评价是检验教学方法、教材和教学效果的重要手段，也是刺激学生文化学习积极性的重要手段，毕竟为考试而学习的思想永远不可能完全消失。所以，加强对测试与评价的研究势在必行，关键在于确定合理的测试与评价的内容。

（一）文化测试内容的相关研究

塞利（1993）在修改诺斯特兰兹（Nostrands）提出的文化测试具体内容的基础上，提出了下面七项目标。[①]

① 转引自张红玲等．跨文化外语教学[M]．上海：上海外语教育出版社，2007：291．

(1)文化行为的含义和功能。

(2)语言与社会因素的相互作用。

(3)行为习惯。

(4)词和短语的文化内涵。

(5)有关一个社会的评价性陈述。

(6)对另一个文化的研究。

(7)对其他文化的态度。

这套文化教学测试目标的优势在于它没有将文化事实和信息作为教学和测试的主要内容,而是强调文化在社会中的功能,文化与语言之间的相互作用和学习者对其他文化的态度和文化研究能力等。这些测试目标在很大程度上反映了文化教学的目的和宗旨,如果应用于测试与评价一定会对文化教学起到积极的指导意义。但是,这些目标不够具体和现实,可操作性不强。

拉斐特与舒尔兹(Lafayette and Schulz,1997)将文化能力分解为文化知识、文化理解和文化行为:知识指的是认识文化信息和形式的能力;理解指的是解释文化信息和形式的能力;行为指的是应用文化信息和形式的能力。他们有意放弃了对态度的测试与评价,因为他们认为态度目标不是课堂教师能够直接控制和把握的,而是受很多外界因素的影响。这种测试与评价的目标更加现实和具体,实用、易于操作。遗憾的是,它主要测试的仍然是学习者对文化信息的了解和一些简单的日常行为习惯,忽略了跨文化意识、跨文化交际能力和文化学习能力等重要的文化内容,因此具有很大的局限性。

除上述测试与评价之外,很多外语教师还越来越多地借鉴和应用跨文化培训所采用的一些评价模式,其中值得特别关注的是以下两个文化能力评价模式。

(1)跨文化调适模式。跨文化调适模式(the Cross-Cultural Adaptability Inventory,CCAI)是一个包括36道题目的普遍文化能力的评价工具,主要对与跨文化交际能力相关的四个素质进行评价,即情感适应能力(emotional resilience)、灵活性和开放性

(flexibility and openness)、感知的敏锐度(perceptual acuity)和个人自主性(personal autonomy)。

(2)跨文化发展模式。跨文化发展模式(the Intercultural Development Inventory,IDI)以 Bennett(1993)的跨文化敏感性发展模式理论为基础,由 60 道题目构成,旨在测量学习者的跨文化敏感性的所处阶段。跨文化敏感性发展模式现在已经成为一个成熟的、商业化的文化能力评价工具,很多咨询、培训和研究机构使用它来进行培训需求分析和效果分析。跨文化发展模式经过了严格的信度和效度的设计和验证,因此其科学性和稳定性都很强,是迄今为止最可靠的文化能力测试工具之一。

(二)文化测试与评价的具体内容

确定评价的内容是评价的第一步。综合以自外语教学和跨文化培训各位专家的研究成果,文化测试与评价应该包括以下内容。

1.两分法

文化测试与评价的内容可以从具体文化层面与抽象文化层面来考量。

(1)具体文化层面

从具体文化层面来说,文化测试与评价的内容包含如下五点。

文化知识:知道有关目的文化的历史、地理、政治和社会等宏观层面。

文化功能:理解目的文化在其社会各种场合的功能,在语言使用中的体现,在个人生活中的作用,这是文化的微观层面。

文化价值观念:理解并能解释目的文化的世界观、价值观和信念及其对人们日常生活和工作的影响。

文化差异:知道并能理解目的文化与本族文化的差异。

交际能力:使用目的语言和以上相关文化知识与来自目的文

化的人们进行有效、恰当的交流。

(2)抽象文化层面

从抽象文化层面来说，文化测试与评价的内容包含如下三点。

文化意识：对文化差异具有敏感性，能够用不同的文化参考框架去解释文化差异。

跨文化交际能力：能够灵活应对不同文化，与来自目的文化和其他文化群体的人用英语进行恰当、有效的交流。

文化学习能力：掌握文化探索、学习和研究的方法。

2. 三分法

三分法是将文化测试与评价的内容分为知识、态度和技能三个层面。

(1)文化知识包括普遍文化知识(文化的普遍规律和作用等)和具体文化知识(本族文化、目的文化和其他各种文化)，宏观文化知识(某一文化的历史、地理、艺术等)和微观文化知识(某一文化的社交礼仪、生活习俗、价值观念等)。

(2)态度层面指的是对某一具体文化群体的看法和接受程度，也包括对文化差异的敏感性。

(3)技能是指在跨文化交际中的行为表现，也就是文化知识和情感态度在行为层面的表现。

由于文化知识是跨文化英语教学中的一个部分，文化教学测试与评价必须与语言内容的测试与评价结合起来，形成一个整体，这一点在很大程度上取决于测试与评价的方法和手段。

二、英语教学中开展文化测试与评价的方法

文化测试与评价的内容是多样的，其方法也是多样的。并且，文化测试与评价的方法必须与内容结合起来。根据上面对内容的评述，下面就来探讨文化测试与评价的具体方法。

(一)文化知识测试法

所谓文化知识,是指对文化信息、文化价值观、文化模式、不同文化之间的差异等进行认知理解的能力。如前所述,文化知识包含三部分:普通文化知识、宏观文化知识、微观文化知识。基于这三种知识,文化测试者设计了相应的测试方法。

1.普通文化知识测试法

普遍文化知识是基于文化学、社会学的基础上建立起来的一些知识,其要求学生应该了解社会、文化、交际等层面的意义,只有了解了这一层面,才能更好地展开文化测试。一般来说,对于普通文化知识的测试,传统的笔试就可以做到这一点。与之相比,其他文化知识的测试就比较困难。

2.宏观文化知识测试法

宏观文化知识测试在英语教学中有着悠久的历史。历史、地理、价值观等文化知识一直作为英语教学中的背景知识,并且在各项技能测试中得到了体现与认可。一般来说,英语专业综合水平测试往往包含宏观文化知识的测试。实际上,宏观文化知识属于被动文化知识,其与主动文化知识相对,这些知识的存在目的是帮助学生对另一种文化有所了解和把握,但在实际的运用中并不常用。一般情况下,这类知识的测试会采用填空、选择、问答等形式。例如:

(1)Choose the correct answer:

When did the American Civil War break out?

A. 1865　B. 1862　C. 1867　D. 1864

(2)Answer the following question:

What were the reason of the American Civil War?

3.微观层面知识测试法

微观层面知识是跨文化视域下英语教学的重心,因为其直接影响着学生的语言交际，是一种主动性的文化知识。微观层面知识的测试的内容非常丰富，而且很难进行把握，因此对这类知识的测试非常复杂且艰巨。由于传统的笔试具有高效性，且容易评分，因此微观层面知识的测试也采用这一方法，如选择、判断等。但是，由于这些文化因素主要对日常生活或具体交际场合发生作用，往往会与语言行为或非语言行为相融合，因此对这些文化知识设置情景化题目就会更合适。例如：

(1)Choose the best answer:

When you are invited to have dinner at an American friend's home, what should you do?

A. Bring nothing as a gift, but offer to help in the kitchen.

B. Buy an expensive thing you think the host or hostess may need or like, and get ready to talk about your native culture.

C. Bring a small gift and offer to help in the kitchen.

(2)Interpreting codes of behavior:

You observe your American classmates keep stopping the instructor with questions and personal comments. What should you conclude? Explain your answer.

A. American students like showing off, and wish to impress others with their individuality.

B. American students are rude; they do not show due respect for their teachers.

(二)文化意识测试法

对文化意识的测试主要可以采用以下几种方法。

1."社会距离"量表

在跨文化交际过程中，不同文化背景下的交际者的社会心理距离不同。社会距离量表就是对受试者与其他文化的社会心理距离进行的测验。下面以表 9-1 为例进行说明。受试者需要根据自己对不同国家交际者的感觉，将愿意建立社会关系的在表中用对号标出。需要注意的是，测试中尽量以第一反应为准。

表 9-1 “社会距离”量表

	作为结婚对象	作为亲密朋友	作为邻居	作为同事	仅作为认识的人
法国人					
西班牙人					
美国人					
英国人					
日本人					
阿拉伯人					
俄国人					

（资料来源：严明，2009）

2. 问卷测试

问卷测试是文化测试中经常使用的方式，主要用于测量语言学习者学习自尊心的变动状况。问卷测试的方式有很多，可以采用口试，也可以使笔试，测试者可以选用双语进行提问，受试者以“基本同意”或“基本不同意”来回答。例如：

(1)我喜欢阅读。

(2)我喜欢数学。

(3)我喜欢学校。

(4)我喜欢说汉语。

(5)我喜欢说英语。

(6)我喜欢音乐课。

(7)我喜欢艺术课。

(8)我对自己很满意。

(9)我在家中很愉快。

(10)当老师提问我时我不紧张。

3. 单一文化态度测试

格赖斯(Grice)在1934年提出了单一文化态度测试。这种测试也可以应用在文化测试中。测试者通过向受试者提供多种态度描述,让受试者在同意的描述前画对号。下面的信息是对日本人的一些描述,请在你同意的描述前画对号。①

(1)做事效率很高。

(2)诚实可靠。

(3)工业化程度高。

(4)嫉妒心强。

(5)感情丰富。

(6)畏惧上帝。

(7)自恋。

(8)容易理解沟通。

(9)家庭生活理想。

(10)爱面子。

上述提到的文化测试方法可以使教师了解学生的文化心理和文化态度,从而将其作为重要依据来调整文化教学计划,从而最终提高教学的效果。

(三)文化行为评价法

所谓文化行为,是指在交际过程中,交际双方表现出来的受文化影响的行为,这些行为的表现方式有两种:语言行为与非语言行为。对于文化行为的测试与评价,可以采用传统笔试的形式,但是更有效、直接、真实的方法就是文化行为表现评价法。

1. 传统笔试评价法

对于文化行为进行测试与评价的传统笔试法主要包含判断、

① 严明. 跨文化交际理论研究[M]. 哈尔滨:黑龙江大学出版社,2009:202.

选择、问答等形式。例如：

Multiple choice questions：

You are now a visiting student at an American university.

(1)If someone offers you food that you really don't like，you might say "________".

A. I hate that.

B. Sure，I'd love some more.

C. Thanks，but I'm really full.

D. I'll have just a little bit，please.

(2)If you do not understand a point that your teacher makes in class，it is best to ________.

A. look confused

B. leave the class

C. raise a hand and ask for clarification

D. remain silent and ask the teacher after class

(3)If you are having a party for the students in your class，how many days in advance would you invite them?

A. 3 or 4 weeks in advance.

B. Several days in advance.

C. One day in advance.

D. The day of the party.

2.行为表现评价法

行为表现评价法主要是企业人力资源部门用来评价员工工作表现所采用的方法，一直是管理学研究的一个重要课题。20 世纪 90 年代以来，建立在行为主义学习理论基础上的传统测试方法不能满足外语教学的要求，因此以建构主义学习理论为基础的行为表现评价法成为当今外语学习评价的一个新趋势。

行为表现评价法的目的是评价学习者应用知识去解决问题和分析问题的能力。通俗地讲，如果想知道一个人能做什么，最好的办法就是让他做给你看。在外语教学中应用行为表现评价法的好处体现在两个方面。第一个好处在于,它更真实地反映了学习者的语言应用能力。外语学习的最终目的不是掌握外语语言知识,而是提高外语交际能力。只有通过基于任务(task-based)或基于项目(project-based)的行为表现评价法,才能真实地评价学习者的外语交际能力。第二个好处在于它对课程设计和课堂教学的反拨和指导作用。

行为表现评价法包括三个主要部分:给学生布置的任务、学生针对任务做出反应的形式和预先确定的评分体系。行为表现评价法采用的是主观的整体评分法,为了保证信度、效度和公正性,需要制订一个可靠、易于操作的评分系统,这是实施行为表现评价法最困难也是最关键的环节。一般来说,实施行为表现评价法需要经历以下八个步骤。

第一,根据教学目标,确定评价的内容和目的。

第二,以评价内容为基础设计真实的任务。

第三,明确学生完成任务或应用知识解决问题和分析问题所需具备的知识和技能。

第四,审定这些知识和技能是否能够通过所设计的任务反映出来,如果必要,进一步修改任务。

第五,确定评判标准和不同等级水平的定义。

第六,向学生介绍该评价的目的、内容、形式和标准。

第七,直接观察学生的表现,并将他们的表现与先前制定的评判标准进行对照,予以定级。

第八,将评定结果反馈给学生。

在这些步骤中,实施行为表现评价法最关键却最困难的环节在于制订客观、合理、便于操作的评分系统。与传统笔试评价法相比,行为表现评价法采用的是整体评分法,具有主观性,如果没有一个便于操作、可靠的评分依据,那么这样的测试与评价的信度和效度就无从谈起了。当前,制定详细的评分说明是常常采用的方法。例如:

Your task is to interview a foreign teacher, find out these facts about him or her, and present your results to the panel:

- How many years has he or she been in Shanghai?
- How does he or she like Shanghai?
- What is his or her impression of Chinese students?
- If given a chance, does he or she want to settle down in Shanghai?

Level 5: Student completes the task smoothly, efficiently and appropriately, and accurately reproduces the facts about the foreign teacher.

Level 4: Student completes the task fairly smoothly and appropriately, and accurately reproduces the facts about the foreign teacher.

Level 3: Student completes the task, but experiences some difficulty, shows some inappropriateness, and misses some facts about the foreign teacher.

Level 2: Student experiences much difficulty in completing the task, shows great inappropriateness, and misses at least half of the facts.

Level 1: Student is not able to complete the task or reproduce the facts.

随着不断研究和实践的深入，行为表现评价法已经成为文化行为评价的有效方法。但是它也存在着一些弊端，对于这些弊端也不容忽视。例如，与传统笔试评价法相比，这一方法效率较低，评分的客观性也较差。所以，在进行文化行为评价时，不能仅仅依靠行为表现评价法，需要将传统笔试评价法与行为表现评价法相结合，两者相互补充、相互并用。

第十章　跨文化视域下的英语教学改革与发展

我国英语教学经过几十年的发展，已经取得了可喜的成绩，在教与学这两方面的改革都取得了很大的进步。随着社会的发展，社会各界对学生的英语水平尤其是英语综合运用能力提出了更高的要求。尤其是在跨文化交际背景下，社会需要更多具有国际视野、能参与国际事务的高素质英语人才。因此，英语教学要想适应时代需求，必须不断与时俱进，不断进行改革与创新。本章就对跨文化视域下英语教学的改革与发展问题进行阐述。

第一节　跨文化视域下的英语教学改革

一、教学观念的改革

培养学生的听、说、读、写、译能力一直都是英语教学的目标。但在多元文化的理念下，英语教学的目标有所改变，在这一理念下，英语教学的目标是培养学生的语言综合应用能力，尤其是学生听说能力的培养，使他们在今后的工作和社会交往中能用英语顺利地进行口头和书面上的交流，同时培养学生的自主学习能力，增强学生的综合文化素养。所以，英语教学的改革首先应在观念上改革，观念上的改革要实现两方面的改革：一是教学目标的改革，即从原来的以阅读为主向以听说为主转变，提高学生的综合运用能力;二是教学主体的改革,即教学主体从以教师为主向以学生为主体转变。

(一)教学目标的改革

改革教学目标的必要性和重要性是不言而喻的。自改革开放以来,社会对人才和需求不断发生变化,英语教学目标也不断进行调整。1986年提出的目标是:培养学生具有较强的阅读能力、一定听的能力、初步的写和说的能力,使学生能以英语为工具,获取专业所需的信息,并为进一步提高英语水平打下较好的基础。1999年提出的目标是:培养学生具有较强的阅读能力和一定的听、说、写、译能力,使他们能用英语交流信息。英语教学应帮助学生打下扎实的语言基础,掌握良好的语言学习方法,提高文化素养,以适应社会发展和经济建设的需要。2004年提出的目标是:培养学生英语综合应用能力,特别是听说能力,使他们在今后工作和社会交往中能用英语有效地进行口头和书面的信息交流,同时增强其自主学习能力,提高综合文化素养,以适应我国经济发展和国际交流的需要。

很多学者都曾强调过,英语教学应加大口语和写作教学的力度,在教学观念上切实做到从知识的传授转向能力培养。实际上,教学中的知识传授与能力的培养并不是完全独立、截然分开的,而是相辅相成、融为一体的。英语知识并非单纯的语音、词汇和语法知识,它还包含各类文化知识以及学生从自身体验中获取的经验形态的知识等,它是一个既综合又统一的系统。许多学校都强调以培养学生的综合应用能力为目标,但这并不意味着知识的传授无关紧要,相反,知识的传授是实现目标的重要途径和手段,如果没有知识的传授,教学目标也只是空谈。因为学习任何一门语言都需要知识来做基础,如果没有知识这一基础,运用也就不可能生成。只有学习和掌握一定的基础知识,将知识内化为稳定的内在素质,形成一定的素质结构,综合运用语言的能力才有可能产生。所以,在改革教学观念的过程中,首先要处理好知识、能力、素质这三者之间的关系，并认识到知识的学习是基础，能力的培养是关键，学生综合素质的提高是目的。

虽然诸多学者都强调听说能力的培养，但这并不意味着就要忽略读写能力的培养。在语言学习的过程中，需要大量的语言输入，并通过内部系统的加工，进一步转化为一定程度的外部语言，其中阅读就是信息输入的重要途径，如果没有大量的阅读，也就不可能提高英语的口语能力。所以，英语中的听、说、读、写、译五项技能是紧密相连、相辅相成的有机整体，在强调听说能力培养的同时，要注重读写译能力的培养。

（二）教学主体的改革

众所周知，在传统的英语教学中，教师一直占据着课堂的主体地位，扮演着演员的角色，而学生只是被动的接受者，扮演的只是观众的角色，在课堂上不需要进行太多的思考、分析、判断、总结，这些都由教师来完成。这种状态下的教学是机械地背诵和记忆的过程，学习也是静止的。这种以教师为中心的教学不仅挫伤了学生学习的积极性，使学生不能在课堂上保持一个很好的精神状态，而且还使学生逐渐养成了对教师依赖的不良习惯，不能积极地进行自主学习。这样的教学不但不能明确学生的主体地位，还会使学生丧失进行语言实践的机会，最终只能使学生学到“哑巴英语”。

现代英语教学思想已经发生转变，从以教师为教学的主体向为以学生为教学的主体转变。在这种转变下，教师不再充当演员的角色，而是改为充当导演的角色，主要组织、引导和指导学生的学习；学生成为教学活动的主体，是教学活动的出发点，位于教学活动的中心地位。在以学生为主体的教学中，教师不仅要教授学生关于语言学习的规律和方法，更重要的是引导和启发学生积极地思考，培养学生的主动获取知识的能力和自主学习能力，切实做到整个教学活动以学生为中心。

在以学生为主体的教学理念下，“学教并重”教学模式和“主导—主体”教学模式开始提出，并受到人们的重视。“学教并重”，就是既重视教师的教，也重视学生的学，也就是在教师教的基础上，以学生为中心，培养学生的综合语言能力。教学中虽然突出学生的主体地位，但并不意味着教师的作用就可以忽略，只有在教师教的基础上，才有可能提高学生的自主学习能力。“主导—主体”中的“主导”指的是教师的主导作用，“主体”指的是学生的认知主体作用，这一教学模式强调教学中既要发挥教师的主导作用，又要体现学生的认知主体作用。

二、教学内容的改革

教学内容的改革可以从以下两个方面着手。

（一）帮助学生构建个性化的英语语言体系

英语教学改革的主要目的之一就是提高学生内化英语的语言能力。输入和输出是语言学习的两个方面，就外语而言，包括听、说、读、写、译五项基本技能。针对中国学生而言，阅读就是翻译，或者说翻译是阅读理解的一种外化形式。这五项基本技能密切联系，相辅相成，相互统一，而支配这五种技能的就是笼统而庞大的英语语言体系。

英语语言体系指的是由语音、词汇、语法、文化、语境等要素构成的有机系统。多数人都认为，研究和掌握语语言体系应是英语语言学家、语法学家或教师的任务。实际上，语言体系系存在于每一个语言使用者中。针对某一具体语言而言，既有广义的语言体系，又有狭义的语言体系。日常的交际中，人们是以广义的语言体系为背景，用各自的个性化语言来进行交际。而语言学习就是学习者构建个性化语言体系的过程。所以，英语教学应帮助学生构建自己的个性化的英语语言体系，并将其作为英语教学的主要内容。也就是在具体的教学过程中，教师应全面、细致地揭示语言体系的要素以及各要素之间的关系，并指导和帮助学生加以掌握;使学生在听、说、读、写、译等语言实践中理解、体验和验证英语语言体系、体系各要素之间的有机联系,进而使学生实现语言知识的内化,使学生掌握灵活运用语言的能力。

(二)注重教学内容的更新

当今社会不断进步,科技不断创新飞跃,知识呈现出"爆炸性"的增长,与之密切相关的教学内容也要不断更新和发展。在这一大环境下,英语教学内容的改革和更新首先要注意教学内容的外延式更新与内涵式更新相结合,也就是说要重视学得与习得的相结合。所谓外延更新,就是通过增加教学时数,课程门数,教学容量等手段更新教学内容。如果缺乏足够的语言信息输入,那么大量的语言信息输出也就不可能实现。大量的语言输入以及良好的学习环境对外语学习来讲十分重要。增加教学内容的数量与容量,其目的就是为学生创造一个良好的语言环境,使学生在英语的海洋中遨游,让学生自然地吸收语言。但外延式更新还不足以提高学生的语言能力,还需要内涵式更新。所谓内涵式更新是指将知识分割、分解,按照教学培养目标和一定的思想逻辑,合理地重组优化,缓解个体接受时的压力。内涵式更新注重语言知识在整体上融会贯通的能力,重点从存在于语言表达内部的规律、知识之间的内在联系、构建完整的知识结构体系的角度来进行更新。外延式更新与内涵式更新两者紧密结合,才能使学生的整体语言素质得到真正意义上的提高。因为如果没有足够的词汇量,流畅的表达也就不可能实现,但只注重量的积累,而不将知识内化为运用外语思维进行表达的能力,其结果也只能是使学生变为储存单词的容器。

三、教学方法的改革

英语教学改革的关键环节之一就是善用教学方法。运用于英语教学中的教学方法有很多种,如语法—翻译法、直接法、听说法、认知法、交际法、自然法、暗示法等，每一种教学方法都对英语教学的理论和实践的发展做出了重要的贡献。这些教学方法都是不同时期不同教学理论的产物，一方面丰富和充实了英语教学的体系，另一方面又过分强调了某一侧面，各有所长，又各有缺陷。

近年来，一些国外的教学方法开始引进到我国，这些新的教学方法为我国英语教学注入了新的活力的同时，拓展了我国英语教师的视野。广大教师也开始积极地投身到教学方法的改革、研究和实践中。但在积极实践国外引进的教学方法的同时，许多教师感觉心有余而力不足，使得英语教学的研究和实践陷入新的困境。这就要求教师在面对不断更新的教学方法时，要保持清晰的头脑，不能为了赶时髦而盲目推崇某一种教学方法，摒弃那些行之有效的教学方法。教师应根据教学和学生的具体情况，综合采用各种教学方法中最为行之有效的部分。

（一）采用多种教学方法，启发学生思维

生动活泼的课堂教学对于学生来讲，更容易吸引他们的注意力，也更容易使其全身心地投入课堂学习当中，因此作为课堂教学的主导者，教师应根据教材的不同内容，选用各种教学方法，以调动学生的积极性，激发学生积极思维，提高学习效率。例如，在教授一篇介绍英国伦敦的文章时，由于文章内容比较简单，大多数学生经过预习后都能够看懂，如果单纯地按照课文的顺序平铺直叙地讲解，根本不能激发学生的积极性，也很容易造成学生注意力的分散。因此，在讲授这样的文章时，教师可以利用一幅英国地图来简单地介绍背景知识，首先集中学生的注意力，然后再转入课文，即对首都伦敦做介绍。在介绍课文时，教师也不能照本宣科，而应采用归纳法对有关伦敦的信息进行归纳总结，然后引导学生对伦敦的情况进行逐步的分析。这样，既可以吸引学生的注意力，激发学生的兴趣，还能达到英语教学的目的。

（二）进行课堂提问，活跃课堂氛围，调动学生积极性

英语课是一门实践性极强的课程，如果缺乏大量的语言实践，掌握好语言知识是不可能的，提高运用语言进行交际的能力也就更无从谈起。而课堂提问这一重要教学手段，不仅可以激发学生的积极参与性，还可以活跃课堂气氛，并能为学生提供语言实践的机会，达到不断提高英语教学水平的目的。因此，教师在课堂教学中要善用这一手段，在运用这一教学手段的同时，应注意以下几个方面的问题。

1. 了解学生的语言基础

教师教学的主要对象是学生，因此教师要对学生的情况有所了解，以做到因材施教，其中教师应了解的情况主要包括学生对知识的已掌握的情况，学生的知识水平以及学生的语言能力等。了解了学生的大体情况，教师在课堂教学以及课堂提问中，就能做到有针对性，可以针对难易不同的问题找不同的学生回答，进而在课堂上让每一个学生都有机会参与，让他们在活跃轻松的课堂氛围下学习。例如，对于一些目的在于检查学生对所学材料的理解和掌握程度的问题，可以提问一些基础水平较差的学生，如果这些学生能顺利回答，则说明全班大部分学生对所讲的内容已经基本掌握。对于一些具有创造和扩展性的问题，可以让学习比较优秀的学生来回答，因为要回答这类问题需具有一定的口头表达能力和语言综合能力。同时，在提问的过程中不要冷落那些学习一般的学生，对于这类学生，教师可以为他们准备一些较为简单的判断题，或是一些可以在书本中直接找到答案的问题，以树立他们的自信心，激发他们学习的兴趣。

2. 采用启发式教学方法

在课堂教学中，首先教师要注意采用启发式的教学方式，以激发学生学习的积极性，调动学生的主观能动性，唤起学生求知

欲，引发学生产生疑问，提出问题，促使学生积极思考，使学生置身于教学活动当中，进而培养学生思考问题和分析问题的能力。同时，为了使学生完全掌握课堂教学的内容，教师要对教学中的各个环节进行缜密的思考，安排好课堂教学的各个步骤和细节，并估计和预计教学活动的发展情况，为可能出现的各种问题做好充分的思想准备。

3. 正确对待学生的错误

在语言的交流过程中，学生出现错误是不可避免的，如何对待学习过程中学生出现的错误，存在着不同的观点。行为主义心理学认为，语言学习是个刺激—反应的训练，应有错必纠，以便形成正确的使用语言的动力定型。功能派心理学认为，学生在使用语言进行交流的时候，出现错误是很正常的现象，这种错误出现属于不完善语言向完善语言的过渡，没有必要纠正，在以后的语言交际活动中，这类错误会逐渐纠正，在不影响整体理解的前提下，可大胆放手。针对上述两种观点，在学生语言交流过程中，教师应尽量避免过多纠正学生出现的错误。如果学生的交际不断地被教师打断，学生就会产生心理负担，积极性也会受挫，进而产生自卑感。所以，我们主张，对于学生一些不影响交际和理解的错误，教师应采取宽容的态度，不要纠错。对于影响交际和理解的错误，教师应视具体情况加以引导。为了避免打击学生的积极性，教师还可以采用自由纠正的方法来对待学生的错误，即让学生意识到自己的错误，然后自己纠正错误。

（三）通过英语游戏、竞赛的方法激发学生的兴趣

经心理学家证实，兴趣在学生的学习中扮演着重要的角色，它往往成为学生乐于刻苦钻研、勇于攻克难点的强大动力。因此，教师在教学的过程中，应始终重视这一问题。教师可在教学中采用英语游戏和英语竞赛的形式，因为英语游戏和竞赛能有效增加学生学习英语的兴趣和信心，利于培养学生开口的习惯和能

力，而且有助于促进学生积极思维。同时，游戏可以缓解课堂气氛，消除学生的疲劳感，形成轻松和谐的课堂氛围。

此外，教师可以充分利用课前、课间休息或临下课几分钟时间，在这些时间里为学生播放一些优美的英语歌曲，并把留有空格的歌词印发给学生，让学生填空。这样不仅可以活跃气氛，消除学生的疲劳感，还能训练学生听力和语音。

从本质上来看，英语教学的过程就是教师引导学生利用语言进行交际的过程，因此教师要严格要求自己，要以自己满腔的热情、充沛的精力以及认真的态度去感染学生，使学生积极地参与各种活动，最终达到交际的目的。

第二节　跨文化视域下的英语教学发展

一、重视多媒体教学

在英语教学中，许多教师都认识到了多媒体技术的重要性。然而，要利用多媒体技术实现英语课堂教学中教育理念、教学内容和教学方法体系上的全面突破，需要建立在英语教学中应用多媒体技术的基本理念。以多媒体技术为手段，实现教学资源、教学过程、教学效果的优化是创设真实环境的最佳途径，其可以对声音、动画、图像、色彩等进行组合和运用，增强教学的形象性和直观性，从而有效帮助学生对所学语言国家的文化有一个真实的了解和感受。

（一）利用多媒体创造学生运用语言的情境

英语教学的目的是培养学生运用英语的能力，这种语言交际能力和技能的获得，必须通过大量反复的语言实践。实践的最好途径是通过将学生置于一定的语言环境中练习、运用语言，而一般的中国学生学习英语，缺乏真实的语言环境，缺乏充分的语言输入。传统的教学方法也无法充分地做到这一点。而多媒体技术通过设计与教学内容相关，图文声像并茂、形式活泼的情境，创造出有利于学生探索、发现、搜集和分析情境中的相关知识，从而使学生在英语学习的过程中，各种感官受到刺激，有效提高他们的语言运用能力。

（二）突出学生的学习主体地位

学生是学习活动的主体，学生学习的能动性和主动性应该得到充分的发挥。多媒体技术的应用为调动学生的学习积极性，发挥他们的主体作用提供了条件。多媒体通过充分利用文、声、图等多种手段，为学生提供虚拟课堂讨论、角色扮演、游戏、实际实习和反馈等多种方式，让学生能动地、主动地、积极地参与学习。另外，学生可以通过网络上的资源训练英语听力、选择合适的英语精读与泛读材料、与外国人进行直接交谈等。可见，多媒体技术的运用有利于突出学生的主体地位，在未来的英语教学中，教师应该充分发挥多媒体技术的这一优势。

（三）因材施教，鼓励个性发展

教师面向的全体学生是由不同特点的个体所组成的，在以往的教学过程中很难实现真正的因材施教。而多媒体技术的应用则使因材施教的实现变得可能，为发展学生的个性提供了更大的空间。首先，多媒体技术的运用降低了学生在传统教室里的那种束缚感，减少了师生交流的距离感，有利于教师对学生进行指导。其次，在多媒体教学下，丰富多彩的人机交互方式使学习的过程不再呆板枯燥，而是妙趣横生。学生学习英语的兴趣被极大地激发起来，并且可以根据个人的基础或根据教师和计算机测试后提出的建议，自主地决定学习进程和学习策略。换句话说，学生学习英语由被动接受转变为主动参与。

（四）养成良好的学习行为，为终身学习打下基础

多媒体教学为学生创造了更多的课堂讨论、角色扮演、游戏等机会，学生之间的交互作用加强。教师应使每个学生都积极参与，主动交流，相互吸收，使他们学会合作，学会共处，有效地培养学生的协作精神与合作能力。由于多媒体技术在教学中的应用，学生得到了更多的合作机会和主动学习的机会，这有利于培养学生的合作精神与主动学习精神。此外，在科技飞速发展、知识急速增长的社会中，任何人要跟上时代的步伐，就必须不断学习新的劳动技能，而终身学习是达到这一目的的唯一途径。主动学习的精神和善于学习的方法对具有终身学习观的人来说是不可或缺的，而多媒体和网络的存在为实现终身学习提供了巨大的便利。在英语教学中，教师应该指导学生使用好互联网这个工具，为学生学习英语创造完全自由、自主的空间，激发学生自主学习的机会，培养学生良好的学习自觉性、自主性和创造能力。

（五）营造文化氛围

众所周知，语言的使用是在一定的社会环境中进行的。建构主义认为，人是知识的建构者和积极探索者，知识的建构需要人与环境的交互才能完成。创设情境是建构意义的必然前提，尤其是真实情境的创建。教师应该创设信息丰富的环境，为学生提供更为真实的语言情境和语言信息输入，使学生能够真实、自然地学习语言。多媒体技术的发展为建构主义学习理论的推行和实施创设了良好的环境。

由于多媒体技术具有传输量大、信息容量大、效率高等特点，因此在课堂教学中，运用多媒体技术能够使信息展示的方式更具多模态化，能在有限的时间内为学生提供更大容量的学习资源。这是目的语文化输入的重要和有效途径。同时，当学生置身于真实的情境中，能够亲身体验目的语文化的美，体验目的语文化的新奇和快乐，在体验中增强对目的语文化的理解和认知，从而激

发学生学习目的语文化的积极性和主动性。也就是说，学生在快乐学习目的语文化的同时提升了自己的跨文化交际能力。

另外，教师可以让学生参与一些“暑假英语夏令营”“语言学习示范中心”等活动，这是英语学习的第二平台，能使学生将课堂上学习的知识运用到具体的实践中，提升其跨文化交际能力和英语应用能力。

二、重视课外教学

(一)课外教学的原则

1.循序渐进原则

设置英语课外活动应坚持循序渐进、先易后难、先少后多的原则。具体来说，课外活动刚开始的时候，形式和内容都应比较简单。随着活动的开展，逐渐加大内容的难度，形式也逐渐多样化。学生通过克服不同程度的困难，完成不同形式的任务，会享受到成功的喜悦，并逐渐树立起自信心。如果一开始学生就因过于复杂的课外活动受到挫折，他们很难感觉到成功带来的喜悦，也会很快失去信心，丧失主动性，甚至产生自卑的心理。这样，英语课外活动就违背了它的初衷，很难再进行下去，也不利于学生的身心发展。

2.因材施教原则

传统的课堂教学只能保证大多数学生学习大体上相同的知识和技能，但难以兼顾每个学生的具体情况。例如，有些学生性格内向、胆小、害羞、不善言辞，即使有某种特长，也很难以表现和发挥。而英语课外活动比课堂教学的内容更丰富、形式更多样，因此英语课外活动应弥补课堂教学的这一缺陷，采取各种措施，使每个学生的潜能都得到发掘。例如，学校可以根据实际情况举办多种形式的英语晚会，如讲故事、唱英文歌、表演对话等。在具体的活动中，尽量保证每个学生都有展示自己才能的机会。

3. 自愿参加原则

英语课堂教学具有一定的强制性，要求每名学生都必须按规定上课。而课外活动则不具备强制性，教师不能强迫学生参加，应本着自愿的原则进行。学生自己或者在教师的帮助下设置的各种课外活动项目，不同于教学计划中所设置的各个必修和选修科目，学生有主动选择性，他们可以根据自己的爱好等实际情况选择课外活动项目。

4. 与课堂教学相结合原则

英语教学的基本组织形式就是课堂教学，而且学生的英语基础知识也主要是通过课堂教学来掌握的。而英语课外活动则是课堂教学的延伸和补充，旨在巩固课堂上所获得的知识和进一步发展学生听、说、读、写各项基本技能，培养学生英语实际运用的能力。因此，教师组织学生进行课外活动时，应注意将课外活动和课堂教学实际紧密联系起来，以课堂教学为基础，传递新知识、新信息，拓宽学生视野，扩大知识领域。例如，在学习美国文学时，教师可以首先通过生动活泼的形式介绍美国的历史、文化背景、风俗习惯等，激发学生的兴趣和热情，使学生在轻松愉快的环境里学习课堂上的知识。

5. 思想性与趣味性相结合原则

在课堂之外实施各种形式的英语课外活动应具有高度的思想性，寓德育于活动中。英语课外活动应该健康向上，这样有利于学生思想品德的提高。同时，各种课外活动应该富有趣味性内容，通过这些有趣味性内容的各种课外活动，引发学生的好奇心，激发他们的兴趣，吸引他们参加到活动中。例如，在开展小学英语课外活动时，做多种多样的英语游戏，把语言知识的学习与英语语言技能的训练有机地结合在一起，既可以激发学生的兴趣和求知欲，又可以训练学生灵活运用英语的能力，从而真正做到寓教于乐。总之，教师要根据学生不同的特点设置英语课外活动，以保证英语课外活动的形式、内容适合于不同信息特征和学习阶段的学生。

6.及时总结与反馈原则

英语课外活动结束以后，应注意进行全面的总结，这对课外活动再次开展十分有利。总结的形式有很多种，如在各种形式的英语竞赛之后，算出成绩，排出名次，实行对优胜者进行奖励的政策。然后再由教师或评委认真总结，肯定成绩，做出表扬，同时指出存在的问题，纠正错误。此外，每次活动后，教师应对活动的开展情况做书面总结，总结经验教训，提出改进方法。

（二）课外教学的组织形式

1.组织英语竞赛

英语竞赛是检测学生所学成效，同时激发学生英语学习热情的有效手段，是开展最为广泛的英语课外活动形式之一。竞赛的主要形式有朗读竞赛、讲演（讲故事）竞赛、歌咏竞赛、英语作文比赛等。

开展竞赛活动之前的动员工作很重要，尤其是对那些性格内向、胆小、容易害羞的学生，可以鼓励他们报名参加一些较为简单的课外活动，让他们在一次次的成功中逐渐树立起自信心，然后再参与复杂度和难度较高的活动。另外，在竞赛前，要向全体学生宣布竞赛的项目、日期和要求。在准备过程中，教师还应帮助学生选材、审稿，并进行辅导，以帮助他们克服缺点，提高运用英语的技巧。为了培养学生的组织管理能力，可以由学生轮流担任竞赛活动的主持等工作。竞赛会由学校领导主持，由教师组成评判委员会，并订出评分标准。比赛结束后，当即算出成绩，排出名次，奖励优胜者。授奖后由评委会进行总结，肯定成绩，指出存在的问题和今后努力的方向。

2.学习报告会、学习经验交流会

英语学习报告会、学习经验交流会主要有以下几种形式。

(1)组织本校优秀学生介绍自己学习英语的方法，或者请本校的毕业生结合自己的工作实际介绍学习英语的经验。

(2)请本校和外校的优秀教师做有关英语学习技巧的报告。和优秀教师面对面交流，请他们解答学生提出的问题。

(3)经常邀请专家、学者、教授来学校做报告。

(4)请外籍教师到本校做有关英语国家的历史、地理、风俗习惯和学习工作生活等方面的报告。

英语学习报告会、学习经验交流会对端正学生学习态度、改进学习方法、开阔眼界、增进对英语国家人民的了解、提高学习效果有很好的作用。

3.会话小组

会话小组可有效提高学生的听说能力。活动可以每一两周开展一次，也可根据每个学校的实际情况而定。会话的题材要选择那些日常生活中十分熟悉的事情。设计会话的场合和情景时，应注意多样化。

会话小组活动的主要内容是英语游戏，英语游戏是发展口语技巧和巩固词汇、语法，训练发音的有效手段。它不仅是课外活动的主要形式，有时也可在课堂上应用。它可以缓和课堂上的紧张气氛，有助于消除学生的疲劳，还能激发学生的兴趣。通常英语游戏是带有比赛性质的，学生潜在的竞争意识可以促使他们积极思维，并有助于克服腼腆羞怯的心理障碍，从而确立他们的自信心。做游戏时，由提出游戏的学生用英语说明游戏的做法，接着就可以开始做了。下面介绍几种常见的英语游戏。

(1)记忆游戏

在讲桌上摆放一些学生用英文可以说出名字的东西,让一名学生到讲桌前仔细看看,并尽量记住所有的东西。然后让学生转过身,回答教师的问题:"What's there on the table?"学生回答:"There's a ball on the table. There's a book on the table…"

这项游戏还可以逐步加深。例如,教师问:"What do you see on the table?"学生说出他所见到的东西。然后教师再提问:"What did you see on the table?"学生先要说出所看到的东西,然后再接着说出这些东西的位置。例如,"The pen is under the book. The book is between the pen and the cup…"教师改变东西的位置,学生再说:"The pen was under the book and flow the pen is on the book…"

(2)寻物

将参学生分为两组。教师把几件东西放到平时不常放的地方,但要保证学生都要看得到。让学生考虑几分钟,然后每组学生轮流说出自己看到的东西,并说出东西所放的位置。例如:

There is a bag in the waste-paper basket.

There is a hair brush the floor.

There is a book on the top of the door.

There is a piece of bread on the recorder.

每说对一个句子,小组得一分。

(3)谁快

将全组学生分为两队,相向而坐。两队之间相隔 2～3 米。假设全部有 20 名学生,则甲队的第一名学生面向乙队的第 10 名学生,第 2 名面对第 9 名,依此类推。在两队之间的中心位置上放一小凳子,上面放一只球。每个学生需充分集中注意力。

当教师说 No. Five 时,两个队的第五名学生立即跃起,抢凳子上的球。抢得者为本队得一分。如不用基数词,也可用序数词。

(4)侦察

由一名参加活动的学生当“侦察兵”，他环顾四周，暗自确定一件物品，然后说：“I spy with my little eyes something beginning with…”(我侦察到一个东西，第一个字母是……)。然后，其他学生环顾四周，猜测可能的答案，依次向侦察兵提出。谁猜对了就当下一次的“侦察兵”。例如：

I spy with my little eyes something beginning with B.

A：Bed?	Scout：No.
B：Book?	No.
C：Box?	No.
D：Bottle?	No.
E：Bell?	No.
F：Bookshelf?	Yes.

(5)集体组句

将参加游戏的学生分为两组，同时将黑板分为两部分。每组在已学词汇的基础上造一个句子。每人在黑板上只许写一个词。事先规定造句的具体要求。游戏开始后，两组学生选出两名学生作为代表到黑板前，写上第一个词，然后回到座位上。接着下两个人到黑板前，写上句子的第二个词，以此类推。如果单词写错了，要叫该组下一个学生来改错。写完一个句子后，要让全组朗读这个句子。错误少的小组为优胜小组。

(6)讲故事

学生围坐成一个圆圈。每名学生讲一句话，这些话要连成一个故事。一个人先起个头，下一个人接着讲，依次不断讲下去。谁犹豫时间过长，或讲的句子不接上文，或使故事中断，谁就算输。

要注意，所讲的内容应该是学生学过的内容，这样学生才能讲出有趣的故事，同时起到复习课文的作用。

4.英语文艺会演活动

英语文艺会演活动的形式丰富多样且富有吸引力。英语文艺会演主要以班级或者年级为单位展开，其形式多种多样，包括英语歌曲演唱、英语课本剧演出、英语故事会、英语诗歌朗诵等。英语文艺演出的形式能极大地调动学生的积极性。例如，在英语歌曲演唱晚会前，每个学生都会进行精心的准备，布置场地、购买演出服装等。参赛的学生则会积极练习英语歌曲，学生在欣赏歌曲的同时，听说技能会得到很好的锻炼。此活动形式应与英语课外活动小组活动紧密结合起来。

5.英语电影欣赏

随着多媒体在英语教学中的广泛应用，英语电影欣赏成为全面提高学生英语水平的重要途径之一，使学生摆脱了学习英语时的枯燥、单调。北京外国语大学朱维芳认为，英语电影教学这种教学方法能使文化内涵和语言很自然地结合在一起，它能通过鲜活的语言、动人的故事描述等把社会价值观念等深层次的文化以一种大众都能接受的方式反映出来。

电影欣赏融听、说、读、写于一体，不但能够使学生在真实的语言环境中提高英语听说能力，培养学生用英语进行思维的能力，还能让学生直观地感受到英语国家的风俗习惯、地理知识、政治经济等，激发学生学习英语的兴趣。

英语电影的选择很关键，选择电影时应注意以下几点。

(1)影片中的发音应地道纯正，语调优美。

(2)电影内容要健康、积极向上，能够引导学生树立正确的人生观和价值观。可选择那些获得奥斯卡奖项、根据文学名著改编的比较受欢迎的影片。

(3)影片的难易程度要适中，不要选择特殊的语言现象太多的电影，如果含有过多方言和俚语，会增加学生理解电影内容的难度，使他们失去欣赏电影的兴趣。

(4)影片可根据所学的课文内容来选择，这样不仅可以降低电影的难度，而且有助于学生加深对课文的理解。

(5)所选择的影片要易于模仿和表演。

电影欣赏活动的形式有很多种，这里主要介绍以下几种方式。

(1)根据影片的精彩片段，进行角色扮演。每次活动之后，教师可以选取影片中的一段让学生自由分配角色进行表演，还可以让学生为影片编排不同的结局，然后做成小短剧来表演。通过这种方式，学生会积极地投入到编排短剧的活动中，学到地道的英语口语表达法，并发现和纠正自己的发音。另外，学生可以从电影中学习经典语句。

(2)学生自由分小组进行讨论，交流心得体会，或者做影片介绍，轮流发言，锻炼英语听说能力。例如，在欣赏完《阿甘正传》后，学生分小组进行讨论，然后小组内每个成员轮流发言，讲一下自己对阿甘的命运的理解。

(3)根据电影串讲故事。教师可以每次播放一个小的片段，然后让学生分成小组，对影片的下一步发展进行预测并编成一个个的小故事。

请看以下实例：

Step 1：教师先播放电影《怪物史莱克》(*Shrek*)中 Shrek 和 Donkey 的一段精彩对白：

(at Shrek's swamp)

Donkey：You know you are quite a decorator. It's amazing what you've done with such a modest budget. I like that boulder. That is a nice boulder. I guess you don't entertain much, do you?

Shrek ：I like my privacy.

Donkey：You know, I do too. That's another thing we have in common. Like, I hate it when you got somebody in your face. You're trying to give them a hint, and they won't leave. There's that awkward silence, you know.

Shrek：(Looking ironically at Donkey)

Donkey：(embarrassed) … Can I stay with you?

Shrek：Uh, what?

Donkey：Can I stay with you，please?

Shrek：Of course!

Donkey：Really?

Shrek：No.

Donkey：Please! I don't wanna go back there! You don't know what it's like to be considered a freak. Well，maybe you do. But that's why we gotta stick together. You gotta let me stay! Please! Please!

Shrek：Okay! Okay! But one night only.

Donkey：Ah! Thank you!

Step 2：教师让学生自由分组、分配角色，练习台词，学生分角色进行表演。

根据上述课外活动形式，教师可根据实际课堂教学内容选择合适的课外活动，以补充课堂教学，切实提高学生的英语能力。

三、实施个性化教学

个性对学生的学习有非常重要的影响，因此教育教学应以个性为基本出发点。个性化教学的实质是寻求各种不同的变体和途径，按照各种不同的个人特点去实现一般的培养目标。个性化教学要求教师和学校管理者采用适合学生的教学，使他们在个性、社会性以及学术性等方面的成长均超过传统的非个性化教学。教师适应学生是学习过程的核心，而非传统的学生适应教师。因此，个性化教学并非教学的一种形式，而是可采用各种形式实现其个性发展培养目标。具体来说，在个性化教学实施过程中，教师要做到以下几点。

（一）尊重学生的不同个性

素质教育是我国现阶段大力提倡的教育观念，而学生的个性差异与素质教育有着不可分割的关系。简单来说，学生的个性与其素质的发展是相辅相成，密不可分的。一方面，学生的个性是随着个体素质的形成和发展而逐步形成和发展的；另一方面，学生的个性化对个体素质的发展产生了一定的影响。

个性是由一些稳定而持久的心理倾向性和心理特征所组成的，个性心理结构是一个复杂的多层次、多水平的统一系统。学生个性化过程中的心理倾向性、个性心理特征以及自我意识，对个体素质的发展起着至关重要的作用。素质教育应该包含在各个学科的教学中，因此在英语教学过程中，必须充分重视个性化对学生素质发展的影响，加强对学生的心理和品德教育，为全面提高学生素质创造良好的条件。

（二）尊重学生的自尊心理

在当代英语教学中，教师不仅要尊重学生的个性，还要尊重学生的自尊心理。

自尊（self-esteem）是人类行为中最有渗透性的方面，对人类行为具有十分重要的影响。甚至可以说，一个人没有一定程度的自尊、自信和对自己的了解，就无法进行任何成功的认知和情感活动。

库柏·史密斯（Cooper Smith，1967）给“自尊”下了一个很好的定义：自尊是指个人所做的并习惯性地保持的评价。自尊表达出赞同或反对的态度，表明个人对自己的能力、意义、成功和价值相信的程度。简单地说，自尊就是个人的价值判断，它表示为个人对自己的态度。自尊是一种个人通过语言和其他明显的表达活动向别人传递的主观经验。

人们的自尊并不是与生俱来、固定不变的，其形成和发展变化都会受到外部因素的影响。人们的自尊来源于与自己和别人打交道的经验积累，来源于对周围世界的价值评估。成人的总体自尊相对比较稳定，一般不会改变，而处于成长期的青少年的总体自尊则会因为受到外部环境的影响而发生变化。同时，由于性格或认知特征在不同时候、不同情形下会有所变化，因此自尊被分成以下三个不同的层次。

(1)第一层为总体自尊。

(2)第二层为情景自尊或特别自尊,指一个人在某些特定场合,如社交、工作、教育、家庭等场合对自己的评价,或对某些单独定义的特征如智力、交际能力、运动能力或性格特征的自我评价。一个人特别自尊的程度往往依赖于具体的场合或所讨论的特征。

(3)第三层是任务自尊,它与特别情形中的特别任务相联系。为了更好地理解自尊的以上三个层次,以教育领域为例进行解释:一个人的总体自尊是他对自己的接受能力和勤奋程度的评价;情景自尊是指他具体学习某一科目(如英语)时表现的自我评价;而任务自尊则可能指学习某一科目的某个方面,如口语、写作或听力的自我评价。

阿德莱德·亨迪(Adelaide Heyde,1979)曾经以学法语的美国大学生为研究对象,对自尊的三个层次对外语学习的影响进行研究。其研究结果表明,所有三层自尊都与口语表达有密切的联系,其中以任务自尊与口语表达的联系最为紧密。除了阿德莱德·亨迪,其他研究者经过研究也发现,自尊在外语学习中是一个非常重要的变量,尤其是从外语学习的跨文化因素方面考虑。在我国,英语是一门外语,英语教学是一项跨文化教学活动,这就使学生的自尊心对其英语学习的效果具有更为重要的影响。另外,现代心理学研究表明,青少年的自尊心不仅十分强烈,而且十分敏感、脆弱。而学生恰好处于这一特殊时期,这就要求老师们在与学生交往中,注意尊重、爱护和培养学生要求上进的自尊心。

综上所述,一个人的学习效果以及所取得的成就都受到其自尊心的重要影响。人的尊严来源于人的自尊,而教师对学生的尊重是学生自尊心的最重要来源。因此,在英语教学中,教师应该尊重学生的自尊心。任何一个学生都有成为教师所喜欢、欣赏的学生的美好愿望。即使学生身上存在这样那样的缺点,教师也不应该忽视他们、轻视他们,而要坚持认为他们是可教育的。

(三)尊重学生的学习成果

在英语教学中,教师采用个性化教学,还体现在尊重学生的学习成果上。尊重学生的学习成果,就是肯定、赏识学生的学习成果。

在英语教学过程中,教师要善于赞赏学生的学习成果,让学生在成功中增强自信,享受成功的快乐。在英语学习的过程中,学生总会或多或少地取得进步,获得一定的学习成果,如果教师总是认为这些学习进步和学习成果是学生应当取得的,而从不肯定、赞扬学生的进步与成果,就不利于学生对英语学习保持持久的兴趣,甚至会使学生对英语学习失去进取心,从而不利于英语教学效果的提高。

教师可以在课堂上以肯定、赞赏的语气或课堂评语体现对学生的学习成果的尊重,如"你真会读书!""你的感悟能力真强!""你提的问题十分有价值!""你的想法很有创意,老师也没想到。"这些语言虽然简单,但对学生而言很有意义,它能鼓舞学生的斗志,增强学生自信,激发学生潜能,碰撞出学生创新思维的火花。如果教师能够经常肯定、赞扬学生的学习成果,学生必将受益终身。

每个学生身上都或多或少地蕴藏着闪光点,教师在教学中要善于挖掘学生身上的闪光点,平时多一些表扬,少一些批评;多一些鼓励,少一些责罚;遇到问题时不要总怪罪于学生。在英语教学中,教师应该多从自身找原因,要看到学生人人有才,但人无全才;对学生的要求不必太高,应帮助其扬长避短,达到人人成才的目的。

总之,在英语教学中,教师要采用个性化教学,就要充分尊重学生。尊重学生的目的是为了教育,教育学生的目的是为了发展。教师尊重学生,是一种人格上的尊重,也是一种教育尊重,更是从生命平等意义上讲的尊重。当然,教师充分尊重学生并不等于对学生没有严格要求,也不等于没有批评,更不是说教师要一味地迁就学生、溺爱学生，而是要在严格要求学生中处处尊重与信任学生，将对学生的尊重寓于对学生的严格要求之中。只有这样的尊重，才是对学生的真正尊重，也只有这样的教育才是卓有成效的教育。

四、倡导探究式学习

当代英语教学发展的另一趋势就是倡导在英语教学中实施探究式学习。探究式学习又称“探究性学习”“研究性学习”，指的是从学科领域或现实生活中选择和确立主题，在教学中创设类似于学术研究的情境，学生通过独立自主地发现问题、实验、操作、调查、收集与处理信息、表达与交流等探索活动，获得知识，培养能力，发展情感与态度，特别是发展探索精神与创新能力。它是一种积极的学习过程，强调学生的主动参与。在教学过程中，可采用以下方式来培养学生的探究式学习。

(1)时常鼓励和激励学生，培养学生发现问题的能力。必要的鼓励可使学生发现自己的价值和能力，因此在教学过程中，教师可以通过各种方式如合作、讨论等，鼓励学生仔细观察和思考问题，使学生发现知识和课题的趣味性，让学生形成自主学习的习惯，进而实现对语言综合运用能力的培养。

(2)创设亲近生活的情境，激活探究思维。在学习新的知识点时，教师需创设认知需要情境，将学生的思维引到新的学习背景当中，让他们感觉到学习是解决新问题的需要，进而使学生形成探究的意识，激活探究的思维。

(3)增强学科间的联系，帮助学生形成完整的知识结构。探究式学习是不同分科课程的有机综合，教师有必要加强不同学科之间的联系，培养学生科际整合的能力。

参考文献

[1]鲍晓英，陶友兰．中级英语口译：理论、技巧与实践[M]．上海：上海译文出版社，2009．

[2]陈俊森，樊葳葳，钟华．跨文化交际与外语教育[M]．武汉：华中科技大学出版社，2006．

[3]陈坤林，何强．中西文化比较[M]．北京：国防工业出版社，2012．

[4]陈廷佑．英文汉译技巧[M]．北京：外语教学与研究出版社，1980．

[5]程晓堂，孙晓慧．英语教材分析与设计（修订版）[M]．北京：外语教学与研究出版社，2011．

[6]程晓堂．英语教材分析与设计[M]．北京：外语教学与研究出版社，2002．

[7]崔刚，孔宪遂．英语教学十六讲[M]．北京：清华大学出版社，2009．

[8]邓志伟．个性化教学论[M]．上海：上海教育出版社，2002．

[9]冯莉．大学英语语法教学理论与实践[M]．长春：吉林出版集团有限责任公司，2009．

[10]高华丽．翻译教学研究：理论与实践[M]．杭州：浙江大学出版社，2008．

[11]龚亚夫，罗少茜．任务型语言教学[M]．北京：人民教育出版社，2003．

[12]何广铿．英语教学法教程：理论与实践[M]．广州：暨南大学出版社，2011．

[13]何江波.英汉翻译理论与实践教程[M].长沙:湖南大学出版社,2010.

[14]何少庆.英语教学策略理论与实践运用[M].杭州:浙江大学出版社,2010.

[15]胡春洞.英语教学法[M].北京:高等教育出版社,1996.

[16]胡泓.外语素质培养概论[M].武汉:湖北教育出版社,2000.

[17]胡文仲.跨文化交际概论[M].北京:外语教育出版社,1998.

[18]贾冠杰.英语教学基础理论[M].上海:上海外语教育出版社,2010.

[19]江峰,丁丽军.实用英语翻译[M].北京:电子工业出版社,2005.

[20]剧锦霞,倪娜,于晓红.大学英语教学法新论[M].北京:中国书籍出版社,2013.

[21]李祖寿.教学原理与技法[M].台中:大洋出版社,1979.

[22]林新事.英语课程与教学研究[M].杭州:浙江大学出版社,2008.

[23]刘和平.口译技巧思维科学与口译推理教学法[M].北京:中国对外翻译出版公司,2001.

[24]刘润清,韩宝成.语言测试和它的方法(第2版)[M].北京:外语教学与研究出版社,1991.

[25]鲁子问,康淑敏.英语教学方法与策略[M].上海:华东师范大学出版社,2008.

[26]潘文国.汉英语对比纲要[M].北京:北京语言大学出版社,1997.

[27]任庆梅.英语听力教学[M].北京:外语教学与研究出版社,2011.

[28]沈银珍.多元文化与当代英语教学[M].杭州:浙江大学出版社,2006.

[29]陶友兰,鲍晓英.高级英语口译:理论、技巧与实践[M].上海:上海译文出版社,2008.

[30]童地轴.实用英语口译教程[M].合肥:安徽大学出版社,2009.

[31]王斌华.口译:理论·技巧·实践[M].武汉:武汉大学出版社,2006.

[32]王笃勤.英语教学策略论[M].北京:外语教学与研究出版社,2002.

[33]王芬.高职高专英语词汇教学研究[M].上海:上海交通大学出版社,2012.

[34]魏海波.实用英语翻译[M].武汉:武汉理工大学出版社,2009.

[35]魏永红.任务型外语教学研究:认知心理学视角[M].上海:华东师范大学出版社,2004.

[36]吴清山等.班级经营[M].台北:心理出版社,1990.

[37]武尊民.英语测试的理论与实践[M].北京:外语教学与研究出版社,2002.

[38]许智坚.多媒体外语教学理论与方法[M].厦门:厦门大学出版社,2010.

[39]严明.跨文化交际理论研究[M].哈尔滨:黑龙江大学出版社,2009.

[40]杨丰宁.英汉语言比较与翻译[M].天津:天津大学出版社,2006.

[41]张春柏.英汉汉英翻译教程[M].北京:高等教育出版社,2002.

[42]张红玲.跨文化外语教学[M].上海:上海外语教育出版社,2007.

[43]张全.全球化语境下的跨文化翻译研究[M].昆明:云南大学出版社,2010.

[44]张维友.英语词汇学[M].北京:外语教学与研究出版社,1998.

[45]杨莹子.克拉申语言监控理论对小学英语教学的启示

[D].上海:上海师范大学,2009.

[46]赵芳."渗透式"跨文化交际能力培养模式研究[D].上海:上海外国语大学,2013.

[47]卜霞.传统英语教学中存在的弊端[J].教育教学论坛(教法研究),2011(10).

[48]戴丽琼.反思性教学理论在英语写作教学中的应用[J].辽宁经济职业技术学院学报,2007(1).

[49]高频.多媒体和网络环境下大学英语词汇教学改革初探[J].凯里学院学报,2008(2).

[50]郭向辉.高职英语教学内容改革的探索[J].济源职业技术学院学报,2003(3).

[51]黄大勇,杨炳钧.语言测试反拨效应研究概述[J].外语教学和研究,2002(4).

[52]廖海娟.文化视角中的英汉翻译[J].湖南科技学院学报,2010(3).

[53]刘静波.外语教学中的文化测试问题[J].时代文学(下半月),2008(5).

[54]刘玲.中西文化差异对翻译的影响[J].福建政法管理干部学院学报,2007(2).

[55]刘艳晖.多媒体网络环境下的英语词汇教学[J].湖南第一师范学报,2009(2).

[56]马雯虹.交际教学法及其在英语教学中的应用[J].沈阳农业大学学报,2007(6).

[57]彭威.大学英语纸质及数字教材编写的现状、问题及对策[J].辽宁工程技术大学学报(社会科学版),2014(5).

[58]滕星.教学评价若干理论问题探究[J].民族教育研究,19[illegible]2).

[illegible]]王鉴棋,詹元灵.交互式任务型英语阅读教学法研究[illegible]大学学报论丛,2005(4).

[illegible]文新.对交际教学法基本原则的理解[J].佳木斯大学